U0142843

沙遊——非語言的心靈療法

梁　信　惠 校閱

曾　仁　美
朱　惠　英 合譯
高　慧　芬

五南圖書出版公司 印行

SANDPLAY – SILENT WORKSHOP OF THE PSYCHE

Kay Bradway and Barbara McCoard

© 1997 Kay Bradway and Barbara McCoard

Authorised translation from English language edition published by Routledge, a member of the Taylor & Francis Group.

All rights reserved. No part of this book may be reprinted or reproduced or utilized in any form or by any electronic, mechanical, or other means, now known or hereafter invented, including photocopying and recording, or in any information storage or retrieval system, without permission in writing from the publishers.

Complex Chinese Translation Copyright © 2005 by Wu-Nan Book Inc.

推薦序

Kay Bradway，本書作者，是我最尊重的老師之一，也是我的好朋友。她是一位臨床心理師、心理治療師、容格分析師，更是一位沙遊治療師。她在國際及美國沙遊治療界是一位頂呱呱、無人不曉的名師。不論在國際沙遊學會的年會或美國沙遊治療師的年會，每當她一出現，周圍一定是圍繞著一群人向她請益或與她聊天。她到處都是受歡迎。

三年前台灣沙遊協會成立之際，她就是第一位我想到要請來演講並舉行工作坊的老師。無奈因為她的高齡（台灣歲是今年 95 歲）以及身體因素，加上這會是很長途的旅行（她住在美國），她無法答應這邀請。這是我們台灣沙遊治療界以及容格分析學術界，臨床心理界以及心理治療界的一大遺憾。

Kay Bradway 與我算是有緣份吧。在學 Dora Kalff 學派沙遊治療的過程之第一件要事就是要做自己的個人過程。而我在 10 多年前初學時的沙遊老師 Brabara Weller 就是從 Kay Bradway 做過程的。當我結束與 Barbara Weller 做的個人過程時，她送我的一件禮物是一個很別緻的聖母像。原來這是傳承的。Barbara Weller 在結束她個人過程時，從 Kay Bradway，是拿到這特殊聖母像；而 Kay Bradway 向 Dora Kalff 結束過程時也是拿到同樣的聖母像。因此 Kay Bradway 該算是我的祖師吧！說實話，當我在美國學沙遊治療時有好幾次是直接上 Kay Bradway 的課或者是聽她的演講。每次參加時都是覺得收穫豐富。她以類似智慧老婦人的風格並加以類似老祖母的慈愛來教導，常令參與者感動不已。

在私交上，Kay Bradway 雖是高齡並是資深，但她一點也不擺架子。每次與她見面，就如與親人一般的，非常熱情。而她旁邊常陪伴的 Brad，她的先生，也是一位和藹可親的長者。與他們在一起時，常

令我感受到父母親般的溫暖。值得一提的是，有一次 Kay Bradway E-mailed 給已回台灣的我，問我是否能為她買到一頂有小傘頂的帽子。她說她喜歡這種帽子而她從前購買這頂帽子的來源的東方店已不再賣這貨物了。這種帽子在台灣也是近乎絕跡。奇蹟似的，幾天之後我竟然在一鄉下的小商店買到了。馬上寄給她，並告訴她這是我送給她的禮物。她老人家高興之餘，親自送給我一卷她所做的沙遊治療的 VCR 影片。其中的兩位個案竟是本書中十位中的兩位個案。好神奇兮！

　　Kay Bradway 本人的特色是和藹可親，平易近人。她這特色也是清楚的呈現在她的書中。也許是因為她這種比較不修邊幅的個性，使得她的寫作幾乎是談話似的，沒有花言巧語，具備了她個人的風格。正因為如此，翻譯的工作比較困難，而我這位「總校閱」的工作更是艱辛。在美國過了 30 多年的歲月，比較懂得她那談話似的文章。我不怕得罪我親愛的三位翻譯者朋友之餘，大斧砍刀的做了不少的修正，為的是讓讀者們親身體驗到原作者的風采及特色。是的，她就是那麼平易近人；是的她就是那麼不修邊幅；是的她就是那麼的不八股。但是，也因如此，她是點點滴滴的把她的沙遊治療經驗，用盡她的心血把它們呈獻給大家！

　　這本書是台灣第一本傳統 Dora Kalff 學派沙遊治療書的翻譯。本人以在台灣唯一持有國際沙遊學會以及美國沙遊治療師學會教師資格執照的身分，鄭重向大家推薦此書。相信這對台灣沙遊治療界、心理治療界、容格分析學界，以及臨床心理界會帶來很大的貢獻。在此，鄭重的請大家一起享受這心靈的盛宴！

梁信惠 博士

台灣沙遊協會理事長

勵馨基金會蒲公英治療中心駐會顧問

中文版作者序

　　我很高興地由梁信惠博士口中得知我與 Barbara McCoard 合著的書籍翻譯成中文並在台灣出版，我希望這一本書的出版在拓展眾人對於沙遊療法的興趣上能有所貢獻。

　　多年來我不斷地記錄著自己在閱讀、聆聽、沙遊實務工作中、進行督導時，以及在夜深人靜時分出現的想法與問題，出版這一本書是因著我想要將這一些想法或是需要深思的問題加以梳理。Barbara McCoard 協助我將這一些資料彙整在一起並編排成一本書。在撰寫這一本書的同時我也有所學習，期盼讀者們也能藉由此書有所收穫。

　　本書的某些章節篇幅甚短，甚至僅有半頁的版面。雖然本書是依照我們認為對讀者最有益處的順序來編排，但是讀者們並不需要依照本書的編排順序閱讀。讀者也許可以先由第十五章「我如何做沙遊」開始閱讀，然後接著第十八章「了解和詮釋」，再來是第十九章的「層次、階段、順序及主題」；或讀者可能會想要先讀本書第二部所列舉的幾個象徵。我個人認為本書第三部中所描述的十位沙遊個案的治療歷程是本書最重要的部分。惟有藉著研究許許多多的沙遊歷程，一個人才能有最豐富的學習。

　　我在本書中所表達的想法與思緒並非唯一的答案。企盼藉由本書能激勵讀者們將沙遊療法的實務工作帶入更高深的層次。

Preface（英文原序）

I was delighted to learn from Grace Hong that a translation of my book with Barbara McCoard is to be published in Taiwan. I hope it will contribute to the expanding interest in Sandplay Therapy.

This book grew out of my need to gather together notes based on my reading, my listening, my use of sandplay with many clients, my thoughts gleaned while leading consultation groups, and my 「during the night」ideas and questions that needed to be addressed seriously. Barbara McCoard helped in the gathering together of these data and editing them and making them into a book. I learned while writing the book and I hope others learn while reading it.

Many of the chapters are short. One chapter covers only a half page. Although we placed the chapters in the order that we thought might be most useful to the reader, they need not be read in this sequence. A reader may choose to start with chapters 13 「How I do it」, 18 「Understanding and interpretation」, and 19 「Levels, stages, sequences and themes.」Or a reader may want to read first about one or more symbols in Part Ⅱ. I think Part Ⅲ which follows the sandplay processes of ten sand players is the most important part of the book. It is through studying numerous sandplay processes that one learns the most.

The thoughts and ideas I have put forth are not final answers. I hope they will stimulate readers to carry the practice of sandplay to higher levels.

非語言心靈療法——沙遊治療理論、象徵與案例

　　沙遊治療是容格學派分析師及其他心理治療師有興趣的一種發展領域。Kay Bradway 及 McCoard Bardara 所合著的《非語言心靈療法——沙遊治療理論、象徵與案例》除了簡介沙遊治療，同時也為原來使用此治療形式的人添加許多延伸的新內容。基於作者本身深厚的臨床工作基礎，本書廣泛的對成人及兒童等個案在沙遊歷程中所使用的物件加以深度探討。這些個案研究廣泛的提供超過九十張的黑白及彩色照片作為參考。另外還有作者在其工作中所研究及搜集的象徵，以及在沙遊治療中使用象徵性概念的探討。

　　透過清楚的撰寫及確實的理論基礎，本書提供歷史背景來了解沙遊治療，並特別提及建立沙遊治療成為國際性治療的過程，內文則對沙遊治療於實務工作中如何執行加以討論。

　　Kay Bradway 及 McCoard Bardara 在此主題中呈現個人豐富的臨床及研討工作經驗，他們強調透過沙遊治療所產生的療癒性潛能，並反思能讓心靈大部分於靜寂狀態運作的心理治療本質。

　　Kay Bradway 是容格學派分析師，也是舊金山容格學會、國際沙遊治療學會（ISST），及美國沙遊治療師學會（STA）的創始會員。Barbara McCoard 是私人執業的容格學派精神科醫師，也是《沙遊治療期刊》（*The Journal of Sandplay Therapy*）的諮詢編輯。

序

　　這是一本關於療癒歷程的書，更具體的說，這是一本關於 Kay Bradway 發現沙遊治療法能含納與促進案主療癒歷程的書。在強調個人療癒與成長中個體化歷程（individuation process）重要性的人文學派心理學眾多書籍中，是什麼因素讓這一本書與眾不同呢？原因在於它並非僅聚焦於感覺而已——感覺是需要以尊重、同理、非論斷式的態度予以傾聽，以達更佳的自我表達目的，本書更是在於闡釋自發性呈現的圖像給予療癒的歷程以——既具象又象徵性的質素。Bradway 博士強調容格學派的理論，因為當她在描述生命能量的流動時（心理學家們將此稱之為歷程），她信任圖像一如信任情感。但她與大多數容格學派分析師所不同的是，Bradway 博士不像原型意象的詮釋者那般致力於發展對潛意識圖像有效的詮釋法，反而是尊重並守住出現於沙盤中的圖像，這是案主由豐富的小物件中挑選出來足以表現其情感狀態的圖像；她以最少的評論讓圖像自己盡情的對案主與對她（治療師）表達其自身。似乎她最在意的就是要尊重在沙盤中僅有的圖像而非他物的事實，因此成為藉由沙遊治療尋求心靈意義方向者的部分命運。雖然呈現的圖像可作為診斷方法，或是作為進入不同創造性治療方式的跳板，但是就如 Bradway 博士與 McCoard 博士在其「回顧」的章節中所說，其所有的技術乃是一種「欣賞」的方法，也就是她這種對於他人的象徵式歷程的罕見欣賞能力賦予此書獨具的價值。

　　深度心理學在其應用於治療滿百年之際已經邁入新的紀元，此一紀元可稱為是尊重本我選擇的年代，案主面向著物件櫃，透過挑選、擺放物件，將自我客體的抽象意象給予實體的意涵，透過這些物件，

如烏龜、橋樑、巫婆或是水井、或是動物在由手所挖掘的水池飲水等，所告訴我們的都是本我的必要增加物。Bradway 和 McCoard 撰寫的方式仿似在我們這一行中向來知曉此一事實，而自體心理學為了要讓那習於將象徵性的選擇視為是防禦性、補償性或是神經質式的行為，不具有任何價值而需最精確的揭示的臨床界，懂得此一事實，早已費盡唇舌。Kay Bradway 就和 C. G. Jung 以及 Dora Kalff 一樣，讓象徵性的東西自然發生，我們真的可以感覺到她是多麼樂於向案主學習，這也是為什麼向她學習是如此獲益匪淺了。

Johe Beebe

校閱者註：

    C. G. Jung：容格心理分析學派創始人。

    Dora Kalff：Kalff 沙遊治療學派創始人。

前 言

　　貫穿本書的這個「我」是 Kay 的聲音，Barbara 則致力於釐清與雅緻言詞的表達，她做的是幕後工作——提問、評論、重整與修改、改寫段落與潤飾語句。這個「我」樂於承認若非通力合作，本書是不可能完成的，我們共同承擔完成本書的責任。

　　先談「過去」與「現在」的不同吧！諸位不難發現我有時會自相矛盾，的確，我現在看待沙遊的觀點，是不同於我在一九六〇年代間向 Dora Kalff 學習沙遊以及開始運用它的時期。起初我使用沙遊作為我對兒童診斷評估的一部分，後來當我開始在治療中使用沙遊時，我所說的話比現在還多，就如同我在做言語性的治療一般；在沙景完成以後我會對使用的物件加以詢問並表示看法，就像我在做夢的分析一般；我當時和案主一同回顧沙景的時間比現在提早許多，通常是在歷程尚未完成以前就開始回顧了；過去我也詮釋得比較多。我儘可能地修改我過去所寫的文章以符合我近期的看法——是我希望在使用沙遊時更有助益的方法，當然不盡皆如此，我確知自己仍會繼續改變，我也如此期盼。這意味著每當我回顧自己的言論時，我會不斷的增刪與修正，我的想法與建議還不斷地在發展，我們仍要從自身的經驗中以及從彼此身上來學習。

　　另外有關早期使用沙遊的問題，在本書中所討論到的某些第一盤沙景是以紅色四方形且無藍邊的沙箱所完成，後來我才知道那不是 Dora Kalff 的公定尺寸，所以我再改成與現今使用相仿的沙箱，即 19.5 □28.5 □2.75 英吋，沙箱底部為藍色但四周並不是藍色。再後來當我開始使用四周圍也是藍色的沙箱時，我發現如此一來更易於呈現三度空

間的質感。

　　當我開始運用沙遊時，很慶幸地能使用舊金山容格學院的沙遊室以及其中所蒐集的物件。當我更進一步地投入沙遊時，就開始蒐集自己的物件。我發現讓案主使用治療師所親自挑選的物件真的是有所不同。

　　因礙於篇幅所以我在本書中所能呈現的圖片有限，但我藉由文字描述來重現沙景的樣貌。以此替代方式而無須將案例完全刪去，因此我可以在書中將其他案例的沙景圖做完整的呈現。書中第三部分所列舉的某些案例已在我其他著作中做過詳盡的解析並附有更完整的圖片，其出處可參閱誌謝以及參考書目。此外，在不同的章節中可能會使用到同一張沙景圖，所以我們在討論某個特定案例時就會引用先前章節中的圖片，像是 Jim 和 Ursula 的案例就是如此。

　　彩色製版使得沙景圖的印刷效果更令人滿意，但是也使得照片不能與文字並列，而需要以插頁方式編排。但我們期盼，也相信此做法雖會使得讀者在閱讀上需要略做調整，但應會贊許出版社願意在書中納入如此大量的圖片，堪稱是截至目前所出版的沙遊叢書中圖片最豐富的一本書。

誌 謝

　　每位作者都期望能在最後向幫助他（她）完成著作的人誌謝，但顯然我不可能向所有支持過及給我想法我的人誌謝。有時談話中一句話的貢獻就如同系列演講那麼多。

　　第一個我要致上深摯謝意的人是我的沙遊治療老師兼好友——Dora Kalff，不僅要謝謝她的言語，同時也是她對我工作所表現出的態度。她一直鼓勵我，當我想要澄清想法時，她尊重我，但也會分享她的智慧與經驗。

　　為數不少的同事也對我協助甚多，有些直接與本書有關，有些則提供本書使用的資料。雖然知道我無法一一列舉，但我要特別提到幾位。特別感謝的是Estelle Weinrib，她不厭其煩地研究我的沙遊治療照片，也與我分享她的「照片」。我們一有空而在一起時，就會問：「可以看看沙圖嗎？」然後就馬上擺好了幻燈機及銀幕，看看與討論沙圖。我有幸連續幾個暑假在Dora Kalff那兒與國際沙遊治療學會（International Society for Sandplay Therapy, ISST）的創始會員碰面討論沙遊治療過程的幻燈片，深深要感謝的會員除了Estelle外尚有Cecil Burney、Paola Carducci、Kazuhiko Higuchi、Martin Kalff、Hayao Kawai、Kaspar Kiepenheuer、Chonita Larsen、Sigrid L□wen-Seifert、Andreina Navone、Joel Ryce-Menuhin 及 Yashuhiro Yamanaka 等人。

　　以下列出的同事在許多方面對我都有頗多協助：Kate Amatruda、Ruth Ammann、Nessie Bayley、Ann Bernhardt、Lauren Cunningham、Lucia Chambers、Harriet Friedman、Florence Grossenbacher、John Hood-Williams、June Matthews、Bonnie McLean、Karen Signell、Janet Tatum、Barbara Weller。

我十分感謝 Paula Kimbro 慷慨地出版我沙遊治療演講的幾個錄影帶，我也把這些資料納入本書。多次諮詢舊金山 C.G.容格學院的 Michael Flanagin（ARAS）及 Marianne Morgan（圖書館）兩人助益於我參考文獻的準備。他們總是那麼樂觀、開朗與愉悅。同時要一併感謝容格學院的獎學金委員會，給我一筆豐厚的獎助金來處理本書的插圖。此外，John Beebe 從一開始我有寫本書的念頭一直到本書完成期間，所提供的溫馨鼓勵。

在本書中，我也使用過去發表過文章的部分或改編的版本。感謝允許我使用修訂資料，出版社：如舊金山 C.G.容格學院的《沙遊治療的橋樑及其超驗經驗》及《沙遊治療研究：超源理論與實務》一書中的兩章，即「透過沙遊治療，一位發展獨特性的女性」（即本書 Ida，見第三十章）及「兒童沙遊世界的發展階段」。《沙遊治療檔案》中的「四十五歲女性的沙遊治療之旅」（即本書的 Ilsa，見第三十一章）。《藝術心理治療》中的「心理治療中的沙遊治療」（即本書的 Irene，見第三十二章）。《沙遊治療期刊》中的「沙遊治療的移情與反移情」（即本書的共移情及 Emmy，見第六章及第三十六章）、「做死前準備的沙遊治療」（即本書的 Debbie，見第三十七章）、「沙遊治療裡的太陽與月亮」、「沙遊治療中的聖門及轉化經驗」及 Daimon Verlag 在《分裂世界的陰影原型檔案》中的「成功關鍵」。

同時也要感謝允許我大量直接引述的出版者，包括：Estelle Weinrib（1983）的《自我的形象》（*Images of the self*, Boston, MA: Sigo）、Joel Ryce-Menuhin（1992）的《容格學派沙遊治療：奇妙的心理治療》（*Jungian Sandplay: The Wonderful Therapy*, London: Routledge）及 Ruth Ammann（1991）《沙遊治療的癒療與轉化》（*Healing and Transformation in Sandplay*, Chicago: Open Court）。

感謝普林斯頓大學出版社允許我從 Jack Rudloe 的《C.G.容格全

集》引述「烏龜的時光」及 Yasuhiro Yamanaka 先生的國際沙遊治療學會創始會員的照片。

　　衷心感謝那些與我做沙遊治療的案主們，他們是教導我的老師；也謝謝那些慨允我將他們沙遊治療的資料用在研究和出版上的人，沒有他們的奉獻，絕不可能有本書的出版。他們賦予本書生命，我深深感謝他們每一個人。

　　最後我要感謝 Brad——我的丈夫，60 年的伴侶，我從事的所有活動裡都有他的鼓勵及支持。他「負責」本書的圖片部分，統整它們並提供各種建議。他的貢獻不止於此，是多方面的，是我不能缺少的。

目　次

推薦序

中文版作者序／英文原序

非語言心靈療法——沙遊治療理論、象徵與案例

序

前　言

誌　謝

圖　　次

沙 盤 目 次

導　言

　　最初我被容格心理學及沙遊治療吸引的原因是它們接受個別差異並且尊重這些差異，而不注重評判。美國傳統的心理學教我要重視心理測驗，評估人在不同領域的表現是優於或劣於其他人。因此當我看到容格學派唯一的測驗——字詞聯想測驗（the word association test），感覺受到鼓舞，因它只想找出個人情結而不批判其好壞優劣。他的分類根據的原則是人們本來就有不同的人格類型，不應重視某種人格而貶抑另一種。

　　我曾遇 Dora Kalff 在一九六二年舊金山舉行的容格分析聯合會議上展示一個孩子所做的沙景照片，她當時只做簡短的評論。我不記得這個孩子的案例內容，但沙景具體而徵，不言而喻，我鬆了一口氣，至今仍印象深刻。這兒終於有了一種心理治療法，治療師大體上不涉入過程，他（她）讓孩子產生自我療癒，由孩子自身的心靈引領，而不是經由治療師的引領。這就是我對沙遊治療最初的看法——一個心靈工作的地方，甚至把它看成「遊戲的工作」。人們常說家庭的工作、辦公室的工作，為什麼不能說遊戲的工作呢？遊戲中的工作。

　　這種觀念起先易於與孩子連接在一塊，畢竟沙遊最初起源於一位父親觀看兩個兒子玩小物件「解決」他們的問題。五十多年前兒童的遊戲成為心理治療的一種形式較容易被接受，但成人的遊戲治療則不然。成人排斥它，認為沙遊治療不夠正經。事實上，早期的沙遊治療僅用於兒童。我不認為 Margaret Lowenfeld 曾把它用在成人身上；而 Dora Kalff 所出版，沙遊治療一書第一版的副標題是《兒童心智的一面鏡子》。

　　當成人第一次來到我的治療室，看到沙遊的箱具物件時，他們會

總校閱者註：

　　Margaret Lowenfeld：英國小兒科醫師轉為兒童精神科醫師，World Technique 的創作者。

說：「喔，你也治療兒童啊！」當我告訴他們成人也用沙遊治療的箱具物件時，他們表示難以置信。但當他們開始做沙遊治療後，就不再懷疑了。他們經驗到沙遊治療的確有療效。沙遊療效是產生在靜默中的。我想大家都學到那是案主的心靈在產生療效。

本書是以我自一九七〇年至今的演講及論文編寫而成。我最早的演講主題是比較「家庭主婦」及「職業婦女」的沙遊治療，發表的時間和地點是在一九七五年 Dora Kalff 在 Zollikon 家中的週一討論會上。在諮詢時，我給她看一些照片，她的鼓勵解開了拘絆我的力量，使我能努力獲得一些研究成果，之後她又邀請我發表這些成果。她在沙遊治療提供的是自由及受保護的空間，這也正是 Dora 給我的。

本書分成三部分：第一部分是沙遊治療的起源及嘗試去懂得沙遊為何有療效的過程。雖然從個人體驗及見證他人體驗兩方面，我都對沙遊治療的成效功能深信不疑，但由於我是好奇者，我要更深入了解它有治療功效的原因及療癒形成的過程與方式。我還記得自己做過的一個夢：

在一個一片漆黑的地方，我用寬裙裝著數百件沙遊的小物件，走向光亮。但當我移向亮光時，物件不停地從裙中滑落下來，直到全部的物件都掉光，一個也不剩為止。

在沙遊治療工作裡，有些魔力是無法在意識層面中呈現的。

第二部分呈現我所了解的一些沙遊治療象徵，其中包括三種我「精研」的特別物件──烏龜、橋樑及日本的神門。同時也討論兩個額外的抽象觀念，即 Hestia「家庭主婦型」女性與 Athena「職業婦女型」女性，不同年齡的孩子其發展階段不同。

第三部分則深入研討十位案主，這些資料先前已在其他研究裡發表過，而今經修改後，在本書呈現。我認為這第三部分是本書最重要的章節。Dora Kalff 教導的方法是從容的呈現個案沙景，強調體驗才是重要的。這是我學習沙遊治療的方式，也是我至今仍在學習的方式。

　　有關附錄部分，列入附錄一的原因是常有治療師在撰寫沙遊治療總結報告時想知道讀者評價總結報告所使用的標準。這些年來，我自己發展出一張評價標準表，並隨時予以修正，但這絕不是一張正式經採用的表格。附錄二則是我在接受分析早期過程中寫給自己的一首短詩。

總校閱者註：
　　讀者：是指國際沙遊學會的創始者以及其指定的讀者，他們讀及評定執照
　　　　　候選人所寫的沙遊治療個案總結報告是否通過標準。

第一部分

背景與回顧

第一章

背景與回顧之簡介

　　本書的第一部分首先討論沙遊治療何以有效？第二章則回顧沙遊治療起源、我如何開始使用它、及世界沙遊學會與美國沙遊治療師學會成立的過程。第三章摘錄我認為特別重要的三位作者新近所發表的著作中對沙遊治療理論與實務觀點的比較。第四章探討容格分析與沙遊治療相似及相異之處。第五章說明我偏好以「共移情」（co-transference）這個名詞取代「移情─反移情」（transference-countertransference）的原因。

　　接下來的章節，可說是我「經年累月」對沙遊治療之不同面向所進行的反省，包括有幾章討論沙遊治療的語言以及對沙遊治療的賞析等。

　　第一部分的最後幾章我從治療師的角色，強調同理下做更多關於「如何做」沙遊治療的思考，以及對沙遊治療過程的討論。此部分最後一章探討當我在沙遊治療中嘗試去了解沙景時，我時時自我提醒的四個主要部分：層次、階段、順序及主題。

第二章

沙遊治療何以有效？

　　在沙遊治療中究竟是什麼使沙遊治療師和個案都能一起經驗到它如此大的力量呢？是什麼使沙子放在大小 19.5□28.5 平方英吋，內部的底盤及邊框都漆成藍色的沙盤中，加入水和蒐集的小物件，並告訴對方「你可以在沙上自由的決定你想做什麼」的指導語後，就對提升療癒和成長如此有效呢？

　　沙遊治療是一種積極想像的形式，但其形像（images）是具體有形，不是看不見或無形的。沙景就像夢境一般是一連串的主角與動作，但個案不需要像作夢一樣必需將夢境先記下來再向治療師報告，使治療師產生內在想像；個案在沙遊治療中可與治療師一起直接目睹沙盤的製作過程。此外，沙遊治療也是一種遊戲，但它與自發性遊戲之不同，是它發生在特定的時空範圍中。

　　即便只做一個沙盤對個人也可能產生療癒性的力量。在我即將去度一個月的假期之前幾天，一位已接受治療好幾個月的年輕人走進來，直接走到沙遊治療室，他將他的手指穿過沙，伸入沙盤藍色的底部，在長方形的範圍中畫出沙盤所能容許的最大橢圓，最後在沙盤中間做一座橢圓的小島。他從邊緣堆了許多沙到島上，偶爾加點水，然後持續輕拍使沙牢固，並不斷輕撫，使它的表面愈來愈平滑堅實。他從頭到尾沒說什麼話，直到治療的時間過了一半，他才問我還有多少時間可以用，我回答之後，他發出一陣放心的輕嘆，然後安定下來，用剩餘的時間以一隻手或兩隻手不斷平撫及輕拍橢圓形的小島，或用他的手指繞圈圈，並將藍色底層上面的沙清乾淨，最後形成一個堅實的沙堡矗立在潔淨的藍色空間中。

我發現在他的動作節奏中我也得到放鬆，當時我為了趕準備旅行的最後準備工作已非常心煩，但在這一小時中他讓我進入（內心）集中的情景，而他似乎也進入（心靈）新的境界。我在心裡默默地感謝他，後來我才了解，對他而言這已是一個療癒性的經驗，同時也為他即將中斷的治療做準備。在這個過程中不需要語言，不需要鋪陳，不需要詮釋，更不需要口語的互動。

Jung發現煉金術（alchemy）對於描繪沙遊治療的個體化（individuation）過程很有幫助，沙遊治療和煉金術極為雷同。在沙遊治療剛開始時，許多物件紊亂地擺放在沙盤中，沙景猶如煉金術中的**基本元素**（*prima materia*），「它讓我們瞥見世界理性創作運行之前的混亂與模糊」（Edinger, 1985, p.12）。個人經常從在沙遊治療歷程的早期沙盤看見秩序逐漸從混亂中浮現。

在**鍛燒**（*calcinatio*）的煉金過程，物質燒成白色的粉末，Edinger稱燒完後留存下來的灰燼為「白土」（white earth）。我將之比喻為沙盤中的沙，包括它是白色的。而煉金運作中的**熔解**（*solutio*）在此是指水在沙盤中，透過沙盤底部的藍色及緩緩倒入沙中的水來共同呈現。

以下為Edinger對煉金程序之**凝聚**（*coagulation*）所做的描述中最能點出沙遊治療與煉金術之間相仿的部分，他說：

> 概念和抽象不會凝聚……夢的影像和活躍的想像力才會凝聚，他們連結了內外在的世界……從而凝聚心靈的要素。心情和情感使我們搖擺不定，除非它們能凝聚成某些具體可見的東西，我們才能與之做客觀的連結。　　　　（Edinger, 1985, p.100）

沙遊提供此種凝聚的機會，不管個案是否使用小物件，沙和水的結合使情緒和心情能更具體的被體驗，Dieckmann曾說：

> 假如一個人關注意識，他會知道這本來並不自知的事正在其身上成長；假如他不只是關心那是什麼而且去體驗那經驗是什

麼，那麼他將嘗試把不成形的賦予形式，說不出口的說出來，並修正湧現的混亂。　　　　　　　　　（Dieckmann, 1986, p.101）

　　塑沙、灑水或用容器加水、放物件、埋物件、讓某些創造或毀壞發生、接受沙遊過程的處理，這些經驗都具有療癒性，有時看著個案工作會覺得他們似乎進入一種忘我的境界。

　　一般來說沙遊治療師會儘量避免干擾個案具體化或凝聚的過程，此過程在眼前可被看見、可被雙手感覺及改變。但治療師提供必需的安全空間（temenos）給個案。Kalff 以「自由且受保護的空間」（free and protected space）對此做最貼切的描述（Kalff, 1980, p.39）。含納共移情（co-transference）的容器持續一致的存在，成為治療中最重要的部分。

　　在沙景中正向或負向的移情都可能出現。有時個案可能會特別標定某個人型物件是治療師，此狀況較常發生於早期的沙景中。當沙遊歷程不斷往前進展，意識的部分也會相對隨之減少，個案經常會說：「我不知道我在做什麼」、或「我不知道為什麼我把這個放進去」等，此時是原型象徵最可能出現的時候。

　　侵入性的或過早的詮釋可能會打斷那只有部分意識的沙遊。幾位在舊金山錫安山心理治療中心（Mount Zion Psychiatric Center in San Francisco）的心理分析師曾進行一項調查（Gassner et al., 1982），研究 Freud 的早期理論——心理分析師必須詮釋被壓抑的心理內容使這些內容得以意識化。但研究結果駁斥了這項理論。研究發現受壓抑的內容在心理分析師還沒有對它們做任何詮釋之前通常就已浮現。

　　然而錫安山團隊發現，要卸除對抗壓抑內容的防衛必須靠治療師通過他們所謂的「移情考驗」（transference test）。當個案能安全的信任治療師，感受到被含納於安全的空間中時，被壓抑的內容才會開始流洩。

　　Kalff 之「受保護的空間」所指的這種「治療性的安全」（therapeutic safety）與 Goodheart 所稱的「安全容器」（secure container）或「安全

的象徵環境」（secured-symbolizing field）很相似（Goodheart, 1980, pp. 8-9）。另外，Kalff 在沙遊治療中所稱「給予個案自由去做他／她想做的」，以 Goodheart 的話來解釋就是「尊重個案」，他視此安全的象徵環境為治療中可能發生的三種環境之一，治療師與個案的無意識（unconscious）趨力即在此狀態中共同合作。Goodheart 認為，治療師最重要的工作就是提供以及維持此種安全的空間（Goodheart, 1980, p. 12）。

Winnicott 稱這個場域為「過渡性遊戲空間」（transitional play space）及「幻想區」（area of illusion）（Winnicott, 1971, p.95）。他說：「它的存在就像一個休息區，使內在和外在的真實得以分離，卻又互相關聯」（Winnicott, 1971, p.11）。Gordon 稱這個空間為「第三區」或「經驗區」，她說：

> 當不統整（deintegrates）從本我（self）中剛剛開始浮現時是很粗糙的……他們是原型式的（archetypal）。但是，如果他們能成為第三區的內容，得以被經驗及實驗……他們就能被「消化」而統整進入自我（ego）中。　　　　　（Gordon, 1993, p.304）

這第三區，這幻想區或經驗區，的確是沙遊治療過程發生的地區。此區域結合內在和外在的真實（reality），兩者所占分量互有消長。通常早期的沙盤較容易被外在的真實所指揮。當個案在歷程中走得越來越深時，沙景會受到更多內在真實的影響。當個案表達「我不知道我在做什麼」之類的回應時，我們可判斷其大部分的沙盤製作已被內在歷程所接管。

Gordon 認為 Winnicott 第三區的理論為分析師的實務和經驗提供了理論基礎（Gordon, 1993, pp.304-305）。而我認為它也為沙遊治療提供了一個理論基礎。

近來許多治療師理解到侵入這個空間所冒的風險。舉例來說，Langs（1981）就把沈默列為介入的主要形式。

　　然而，沙遊治療的歷程中，雖然延後或避免詳述及詮釋，但治療師仍有責任熟悉所使用物件之各種文化或原型面向，透過沙遊治療的過程進一步了解所引發的感覺和想法。了解及同理雖不需一再被表示出來，卻仍是沙遊治療非常重要的部分。就如同O□Connell所說，「沈默擴展了滋養，擴大了容器的空間……在不語中自有其意義，有意識的使用沈默的孕育乃為一種內在見證。」（O□Connell, 1986, p.123）。在此見證之下，沙遊治療師經常發現自己也深受感動。

　　對我而言沙遊治療的療癒力量在於融合下列潛能，包括使用實際的沙、水、裝框的小物件，並在有智慧且令自己信任的治療師所提供的保護下，個人能不受干擾，享有隨意創作這些媒介的自由。沙、水、物件櫃、自由及保護的結合看起來如此簡單，然而將之結合所產生的力量卻蘊藏著療癒及轉化的潛能。

第三章

沙遊治療的起源

▍沙遊治療的源流及我開始用它的緣起

　　沙遊並非一開始就發展完成，它有一長遠的根。在二十世紀初，有一位父親觀察兩個兒子在地板上玩小物件，而覺察到他們處理掉彼此之間及與其他家人之間的問題（Wells, 1911 & 1975）。

　　二十年後，兒童精神科醫師 Lowenfeld 在找尋一種可以協助兒童「表達無法表達」之事的方法，她想起曾閱讀這位父親與兒子的經驗，因此決定在其診所的遊戲治療室中加入小物件。第一位看到這些小物件的小朋友將它們放入房間的沙箱（sandbox）中，並在沙上開始玩起來，她稱此方法為「世界技法」（World Technique）（Lowenfeld, 1979）。

　　後來一位正在 Jung 門下學習的兒童心理治療師聽聞英國有此種治療方法，在 Jung 的鼓勵之下，她前往倫敦向 Lowenfeld 學習。她發現這個技術不只適用於協助兒童表達恐懼、生氣、以及秘密的想法，而且可以鼓勵個體進行 Jung 所謂的「個體化過程」（individuation process），此人就是 Dora Kalff（如欲進一步了解沙遊治療的起源及發展，可參考 Mitchell 及 Friedman 的書《沙遊治療的過去、現在與未來》）。

　　1962 年，Kalff 在加州容格分析師研討會上介紹她的「沙遊治療」技巧，在那裡我第一次聽到沙遊治療這個名詞，之後很快的 Dora Kalff 在美國的第一位學生 Renee Brand 接受我的第一次沙遊經驗。

　　身為一位心理治療師，我經常進行兒童評估工作，所以我第一次

使用沙遊治療就是將它作為評估的工具，我發現它能輔助我所使用的一般測驗。但是一位來尋求治療的八歲小女孩 Kathy 卻教導我略過評估，直接將沙遊治療併入兒童遊戲治療中。她已做過她能忍受的所有「測驗」。她有閱讀困難，心理治療師利用許多測驗的結果，想來了解為什麼一個看起來如此聰敏的女孩在學校會有這些困難。所以我們第一次會面時我沒有再請她做測驗，她被沙盤所吸引就開始玩了起來。

在我協助 Kathy 那段時間，Dora Kalff 擔任我的督導，然而 Kathy 教了我許多東西補充我從 Dora Kalff 所學，與她工作的過程是我能更深入了解沙遊治療的基礎，包括第一盤的重要性、移情與反移情的角色（我稱之為共移情）、本我（Self）出現的重要性、個案心中銘記某一盤重要的沙盤，後續的沙盤幾乎複製前面沙盤的現象、以及在沙遊治療歷程中發現反覆出現的主題等。

但是對我來說，與 Kathy 工作最重要的經驗可能是在沒有詮釋（interpretation）之下所感受到的自我療癒（self-healing）力量。Kathy 的父親最近剛過逝，她不想談他，也不想談她與母親、手足、或學校的問題，但在沒有討論下，這些議題也在沙盤中獲得處理。另外對她目前最迫切的需要是她在沙盤中處理她的視覺動作問題，她在花圍形的物件中用可移動的花「練習」視覺運動的協調技巧。需要的時候她要我當作某一盤中的敵人，我們在一座底下有沙的橋上彼此互射；另有需要時，她要我在最後一盤當一名協同工作者協助她建一座城堡。

Kathy 是我做沙遊過程回顧時間延後最久的個案。當時我想將個案的資料用於教學或出版，所以與做完沙遊治療的個案聯絡確定可以使用，我打電話詢問 Kathy 的母親如何與她取得聯絡。我被告知當時她不在家，但聖誕節會回來。所以我打電話給她並約定時間進行她的沙盤過程回顧。當時距離治療結束已經過了二十年。我走進等候室的那一剎那嚇了一大跳，我看到一位成熟的女人在等我。當下我必須承認我有點氣憤，因她已不再是當年我曾喜愛的那個小女孩了。但是她也變成一位很有魅力的女人。然而，這次碰面卻非常有價值，我了解到許多當年我在為她做治療時所不知道的事。我也學到直到延後回顧

時，我們才真的知道「沙盤中」究竟呈現什麼。Kathy 是我在沙遊治療中所治療的最後一位兒童，但她卻是我最重要的老師之一。

國際沙遊治療學會（ISST）及美國沙遊治療師學會（STA）的創立過程

一九八二年二月，十一位來自五個國家的學者收到 Dora Kalff 的信，除了三位之外，其他都是容格學派分析師，書信的內容如下：

各位好：

很高興通知您一九八二年九月十日至十七日來自世界各地具有代表性的沙遊治療師將與我共同組織一個會議，此信即是邀請您參與此會議，並請您能分享您在沙遊治療領域的經驗。

本會議的目的如下：

1.在容格學派的架構下，努力訂定沙遊治療的主要特點。

2.相互溝通我們認為在此治療法中重要的事，因此我建議我們都各提一個個案及一篇短文以使我們所推斷的重點更明確。

3.將許多不同的討論觀點做統整及結論。

4.建立一個沙遊治療師的組織，以便未來定期聚會來推廣沙遊的研究及實務。

有必要公開討論的原因是期望為沙遊治療建立一個穩固的基礎。在會議中將有充分的時間讓參與者交換彼此的觀點，以及在正式的議程外討論個案資料。期待您的參與，敬請回覆。

衷心地祝福您

（Dora Kalff 簽名）

七個月後，十一位收到此信的人有十位出現在 Dora Kalff 於 Zollikon

的家中，我們大多互不認識。我也從沒見過其他兩位來自美國的，
Estelle Weinrib 及 Chonita Larsen。其他參與第一次會議的人包括：來自
英國的 Joel Ryce-Menuhin；來自義大利的 Paola Carducci 及 Andreina Na-
vone；來自日本的 Hayao Kawai 及 Yasuhiro Yamanaka；來自蘇格蘭的
Kaspar Kiepenheuer 及 Martin Kalff。日本的 Kazuhiko Higuchi 那次無法
前來，其他兩位來自日本的 I. Ankei 及 Takao Oda 正好在當地，也被邀
請參加第一次會議。

　　Dora 在九月十日的下午安排一場茶點會議大家彼此認識，那天晚
上參加由 Al Huang 所做的太極拳表演。接下來一週的發表安排實舒
適，每一場討論約進行一個半小時至二個半小時，並有四小時的午餐
及休息時間。發表的題目聚焦在不同的主題上，包括橋樑恐懼症、過
多詮釋的提醒、象徵心的三角形、心身症、厭食症、大砲和皇冠的象
徵、自然遊戲。有些人分享個人的夢境。

　　會議結束前的一天，Dora 帶給我們一個驚喜，即安排大家到 Bol-
lingen 去參觀容格塔樓（Jung's Tower）。在此我們被邀請在訪客簽名
簿上簽下「國際沙遊治療學會第一次代表大會」（First Annual Congress
of the International Society for Sandplay Therapy）幾個字。

　　之後連續兩個夏天我們很順利的在 Zollikon 會面，為形成國際沙
遊治療學會而努力。我們持續同樣的會議形式，亦即每人都發表一個
案例。但是，我們也額外花了許多時間及精力討論正式學會的許多細
節。國際沙遊治療學會的官方組織在一九八五年的八月成立。此時，
美國的 Cecil Burney 也已加入。圖 3.1 即十二位協助 Dora 成立基金會
的成員的合照（後排站立從左到右包含 Kazuhiko Higuchi、Kaspar Kiepen-
heuer、Martin Kalff、Chonita Larsen、Estelle Weinrib、Kay Bradway、
Joel Ryce-Menuhin、Hayao Kawai；前排坐著從左到右包括 Yasuhiro Yam-
anaka、Andreina Navone、Dora Kalff、Cecil Burney、Paola Carducci）。
隔年 Cecil 不幸辭世，代表德國的 Sigrid Löwen-Seifert 後來被邀請加
入，變成最後形成官方組織的創始成員。

圖 3.1

　　ISST 成立後，Estelle、Chonita 及我開始籌組美國分會。我們使用
ISST的指導手冊，其守則於幾年之沒有太多改變。一九八七年另有八
位具有資格的美國學者加入 ISST 及美國分會。那年美國第一次會議
於我在加州Sausalito的家中舉行。Dora Kalff那天下午加入我們討論形
成正式組織的步驟。隔年於 Sausalito 再次聚會，我們決定將此組織命
名為「美國沙遊治療師學會」（Sandplay Therapists of America, STA）。
一九八八年出席成立大會記錄寫出創始成員有十一位，包括Kate Ama-
truda、Linda Bath、Kay Bradway、Lucia Chambers、Lauren Cunning-
ham、Harriet Friedman、Chonita Larsen、Susan Macnofsky、Mary Jane
Markell、Estelle Weinrib 及 Barbara Weller。容格分析師 June Matthews 及
Louis Stewart亦於此時開始加入，他們兩位是Dora Kalff的元始追隨者。
　　這些創立過程距離我們現在並不算久遠，但會員及活動已陸續擴
展。一九九五年末，ISST 成立十年，會員成長至百位。目前在加拿
大、英國、德國、以色列、義大利、日本、瑞士及美國皆有盟會，全
都積極的投入訓練沙遊治療師的工作。
　　一九九六年一月，STA 已有五十二位來自十四州，加上加拿大的

會員加入，以及兩位旅居阿姆斯特丹及日本的加州會員。學會每三年舉辦一次全國性的學術研討會，前三次的地點在明尼蘇達州、加州、及華盛頓州，《沙遊治療期刊》（*Journal for Sandplay Therapy*）也於一九九一年（即學會創立後第五年）由學會發行，LaurenCunningham擔任總編輯。目前對沙遊治療有興趣的人正在日漸成長中。

第四章

三位作者對沙遊治療的觀點比較

　　Dora Kalff 的個案研討著作《沙遊治療——心理治療取向》（*Sand play, a Psychotherapeutic Approach to the Psyche*）為一九七一年《沙遊治療：兒童心理之鏡》（*Sandplay: Mirror of Child's Psyche*）的修訂版，自從一九八○年出版後，一些與沙遊治療主題有關的書及出版品相繼出現，其中有三本關於沙遊治療理論與實務的書於一九八三到一九九二年間出版，即 Estelle Weinrib 的《本我的影像：沙遊治療歷程》（*Images of the Self: The Sandplay Therapy Process*）、Ruth Ammann 的《沙遊治療中的療愈與轉化》（*Healing and Transformation in Sandplay Therapy Process*）、以及 Joel Ryce-Menuhin 的《不可思議的心理治療》（*The Wonderful Therapy*）。這三本書的作者皆為國際沙遊治療學會的會員，他們同時也是容格學派的分析師，他們分別從一九七○到一九八○年代師承 Dora Kalff 門下，三位學者對從容格學派的脈絡了解沙遊治療均有重要貢獻。

　　當我重讀上述三本書，準備將三位學者對沙遊治療的理論與實務的觀念做概念摘要時，我從中各挑選出一些特別喜歡的段落，打算將它們完整呈現，而不只是呈現某些句子或摘要。後來我發現可以將它們歸類成對沙遊治療有興趣的治療師經常關心提及的幾個議題類別，並將三位作者的引述並列於標題之下，以方便比較他們的相似及相異之處。我喜歡用作者原來的文字敘述他們的觀點，所以決定用這個方式與讀者分享這些內容，同時也加上一些自己的評論。

　　在比較這三位學者的著作時，很振奮的發現他們對沙遊治療許多特別的觀點有很多相似之處，同時也有一些個別差異及個人的獨特貢

獻，因此可以體會到沙遊治療的發展已具有穩固的基礎。

沙遊治療的歷程

Weinrib 將沙遊治療的過程區分為：(1)「療癒」（healing）及(2)「擴展意識」（expansion of consciousness）兩個部分，此兩部分彼此相關但不完全相同。

> 「療癒」首先意指有一個傷口，並自然的功能可能受到創傷，其次是傷口受到修補，自然的功能已獲重建。「意識」是指個人能覺察所做、所思、所感，以及能在不受「情結」（complexes）掌控下採取行動或溝通的選擇能力。擴展意識雖然可能促進療癒，但並非絕對。反之，藉由重建心靈的自然功能，療癒會創造出一種讓人類天生人格的洞察與意識能從中自然演化的狀態。
>
> （Weinrib, 1983, pp.21-22）

Ammann 也區隔沙遊治療中兩個不同的歷程：(1)療癒歷程；及(2)個人世界觀的轉化（transformation）。Ammann在描述他的個案的療癒歷程時曾說：

> 這些與母親或母親形象間基本關係有障礙的人，無法在世上或其生命歷程發展出健康的信任感，……治療性歷程可引領其進入較深層的童年經驗，這些層次往往超越意識及口語。心靈的能量往內流，直到它抵達心靈健康的深處。透過沙遊治療，不受阻礙之整體（wholeness）的圖像及力量非常活躍，而且變得更為有效。健康的基礎形成，在此之下新的人格結構也獲得建立。
>
> （Ammann, 1991, p.4）

另外，Ammann 描述轉化的歷程發生在：

　　那些在生命中擁有完整的健康基礎以及穩定自我的人，但他
們的世界觀太過狹隘，偏執於一方或受到阻礙，因此他們自覺有
些不對勁……他們是意識性的進入這個歷程，而非純受無意識痛
苦的驅策。他們轉化的歷程舉例來說，可包括對陰影（Shadow）
的面質、陰性面的轉化、以神的形象的方式遇見本我等。這些改
變個人基本世界觀的心靈轉化是以健康的自我意識（ego conscious-
ness）及自我價值感（feelings of self-worth）為前提，它們代表個
體化歷程的進展。　　　　　　　　　　　　（Ammann, 1991, p.5）

　　相對的，Ryce-Menuhin並沒有將沙遊治療區分成兩個不同的歷程，
他認為所有的沙遊治療都是療癒性的治療，他說，

　　所謂象徵性的態度是指在沙遊治療進行中自我與內在心理內
涵有所接觸後所帶來的療癒歷程，此種轉化是以一種具有仿似特
性的象徵特質由自我（ego）帶入自身中。
　　　　　　　　　　　　　　　（Ryce-Menuhin, 1992, p.20）

　　此處他似乎將「療癒」視為「轉化」。
　　我的想法與 Weinrib 及 Ammann 一致，我也認為沙遊治療包含兩
個歷程，我定義它們為：(1)療癒及(2)成長。假如治療師提供適當的氣
氛，口語分析及沙遊治療兩者都會同時促發療癒和成長的活化。在沙
遊治療中我們稱這樣的氣氛為自由、空間、保護和同理。
　　但是我與 Ammann 不同的是她趨於清楚的區分療癒和轉化。一些
訓練中心也將個人分析與訓練分析加以畫分，此畫分是基於那些前來
受訓者已經具有健康本我之基礎的假設，他們不需要接受病人般的心
理分析。然而其他的訓練中心卻視所有的學員為曾經受創者，而且讓
他們以自己的步調接受分析，他們相信這很重要。
　　我在沙遊治療的這兩個歷程看到重疊之處，我所稱的「療癒」與
Weinrib 及 Ammann 的「療癒」及「療癒歷程」相似；我所稱的「成

長」或「個體化」與 Weinrib 的「擴展意識」及 Ammann 的「轉化過程」相似。我師法大自然的典範或模式，我發現一棵受損的樹在保護之下通常都能痊癒，假如沒有復原，成長通常有限，但療癒與成長兩者可能同時發生。橡樹果核本身就具有樹木成長及修復的時間表，如同無意識引領個人的成長及療癒一般。Jung 說：「生命於我如同一棵植物生存於根莖，真正的生命往往隱藏在根莖中不易被察覺。」（Jung, 1961, p.4）

沙遊治療和口語分析

三位治療師都喜歡同時併用沙遊治療及容格學派的分析，Weinrib 認為他們同時發生，「在分析單元中使用沙圖獲得洞察，就像以分析後所獲得的想法來闡明圖形的意義一般」（Weinrib, 1983, p.15）。她進一步補充說，「在某些案例中，沙遊治療與口語分析之間的交互作用具有協同效果」（Weinrib, 1983, p.82）。

Ammann 也認為沙遊治療和分析是併行的，她說：

> 在我的分析工作中我同時使用口語分析及沙遊治療。但是有時案主剛開始會透過沙遊治療來表達自己，經沙圖分析後，繼續做夢的解析。另一種可能是案主輪流使用口語分析及沙遊治療。他可能在沙圖中創造個人歷程特別重要的部分，或用沙來治療特別困難的主題或轉變（transitions）。　　（Ammann, 1991, XVII）

Ryce-Menuhin 個人則「特別偏好在長期且深入的口語式容格分析治療中搭配使用沙遊治療」（Ryce-Menuhin, 1992, p.33）。但是在他書中的某個案例卻只使用沙盤，並沒有做任何後續的分析。他指出他這經驗證實 Dora Kalff 的經驗，即沙遊治療的方法本身所帶來的結果對個案就具有深遠的影響。

我也發現口語分析和沙遊治療經常同時發生，但有時候在使用上偏重的比率各有不同，甚至有時候這兩部分由不同的治療師分別進

行。通常口語分析是主要的部分，沙遊治療扮演輔助的角色，但其他時候沙遊治療是主要的治療模式，口語分析輔助沙遊治療，此即Dora Kalff所使用的模式。另外，有些分析師本身沒有做沙遊治療，所以偶爾會將個案轉介給我做沙遊治療，與其固定的口語分析齊頭並進。

■ 退 化

三位作者都相信沙遊治療中所激起的退化是療癒歷程中很重要的要素。Weinrib強調即使口語分析鼓勵進展及朝意識化努力，但「正因為延後詮釋及刻意阻撓直接思考，沙遊治療鼓勵即能使療癒成為可能的創造性退化。」（Weinrib, 1983, p.22）。以此種方式，「沙遊治療透過隱喻的方式重建受阻礙的母子一體（mother-child unity），試圖修復母親的原型形象所受到的損傷」（Weinrib, 1983, p.35）。

Ammann也重視沙遊治療中所助長的退化（Ammann, 1991, XVII），並且發現，個案經常回到早期的童年經驗，特別是早年的母子關係，但這次是與治療師在一起。

> 他可以在此重新活過早期最重要的母子關係，但這次他卻是與治療師在一起。又只有為治療師在其退化的過程中能完全接納、保護、及引領這個孩子，並在後續人格重建的過程陪伴他，治療方能成功。　　　　　　　　　　（Ammann, 1991, p.86）

Ryce-Menuhin 補充說道：

> 童年的環境在記憶中比成人生活含有更多非語言的部分，沙的媒介有時可以較快速的方式釋放受壓抑的早期記憶內容，並開始重建過去……沙遊治療促進早期記憶的回溯，能引領個人進入重建和修復童年創傷的重要工作。（Ryce-Menuhin, 1992, p.105）

沙遊治療中的母性（Matriarchal）和父性（Patriarchal）元素

Weinrib 對口語分析中陽性的理性（logos），及沙遊治療中陰性的包容力（container）加以區別。口語分析

> 不只是分析性的詮釋每日具體的生活事件，也是將夢、幻想及活躍的想像等無意識的素材推進意識。而沙圖的製作是刻意退化至心靈前意識（pre-conscious）會說話之前的母性（matriarchal）層次。
>
> （引自 Weinrib 於一九九一年九月二十一日所發表的論文引言）

> 沙遊治療的目的是提供一個母性的空間或心靈的子宮，一種臍帶相連、母子一體（uroboric mother-child unit）的情緒性暗喻。在此安全的「空間」，內在心理創傷的療癒啟動，本我將重新聚合（constellated），內在小孩帶著所有創造及再生的潛能重現。
>
> （Weinrib, 1983, p.28）

後來，個體化歷程的階段

> 以更理性和感覺性的方式繼續進行，此為 Neumann 對意識層次中父性特質的假設，此處再次印證其觀念。
>
> （Weinrib, 1983, p.88）

Ammann 將沙遊治療的歷程分為安靜做沙時期及詮釋時期。在製作沙圖的安靜時期分析師及案主的注意力皆專注於案主的內在世界，接著詮釋時期兩者成為試圖理解沙圖意義的夥伴，以使彼此能更貼近案主的經驗。她認為在這兩個時期分析師表現不同的態度：剛開始是母性（maternal/matriarchal）角色，後來是父性（paternal/patriarchal）角

色。為了避免引發特定的性別角色，她喜歡使用大腦半球的專業術語來解釋，Ammann 說：

> 右腦……主司整體（holistic）、非語言的印象，及在情緒性
> 的訊息歷程中扮演重要的角色，對我而言身體的印象存於右腦似
> 乎非常重要。左腦……主要是語言導向，並聯結邏輯和目標導向
> 的思考，主司理性和分析。治療性的兩種態度即在左右腦之間自
> 然交替。　　　　　　　　　　　　　　　　（Ammann, 1991, pp.6-7）

相同的，Ryce-Menuhin 也說：

> 無論對男人或女人而言，沙遊治療無言無語的儀式是進入陰
> 性原則（feminine principle）的一種方式。就女性／陰性一般的意
> 義而言，沙遊治療分享接納孕育及傳遞累積知識的活動，促成成
> 熟與圓滿。這一切的完成需要時間，且自然生成，非揠苗助長能
> 竟其功。這不必具意志力，但男性／陽性卻慣於從精神心靈層面
> 用力。然而當陽性從沙遊治療中被表達出來，與女性／陰性的自
> 然質樸背景相較，男性／陽性具有更精確的定義。它的表達方式
> 極為廣泛，例如它的戰場、英雄之旅、陽具自大……強大的力
> 量、天真的全能、求愛、殘暴的攻擊、天分及對上帝之愛等。
> 　　　　　　　　　　　　　　　　　　　（Ryce-Menuhin, 1992, p.31）

▎身體和靈性

　　三位作者皆重視身心透過沙遊治療加以結合的價值。Weinrib回顧 Dora Kalff 的信念，她認為沙遊治療中的物質元素扮演一種「身體的隱喻」。Kalff注意到身體有疾病的人有時會在沙上做出他們從未見過的罹病器官的圖樣（引自一九七九年三月 Kalff 於加州聖塔克魯斯的演講）。同時，在沙圖中整體象徵的出現及個案神奇的深層感覺經

驗，都使Kalff覺得沙遊治療是通往靈性（spirit）的捷徑（Weinrib, 1983,
p.40）。

根據 Ammann 的說法：

靈性和心理的重要性不只是相伴存在，而且是藉個人之手賦
予物質的形式。沙遊治療創造一個讓身體和靈性在其中能相互影
響的共同空間，若非藉此方式，以傳統的口語分析欲使心理和物
質之間做如此直接的交互作用是不可能的。（Ammann, 1991, XV）

Ryce-Menuhin 指出「沙的土地特質引動心靈（psyche）去做身體
的表達」（Ryce-Menuhin, 1992, p.104），而且也引發靈性的表達，他
說：

沙遊治療創作中的「清醒之夢」（awake dream）經常包含許
多豐富且多元的方法來修復個案心靈上對靈性宗教上的困境。許
多代表神及女神的物件常與聖殿、避難所、教堂、寺廟、大聖
堂、及禮拜堂等一起出現……許多不可知論者和無神論者發現，
透過沙遊治療使無意識的統整原型物質獲得釋放，使其在意識上
能將神的圖像（God-image）與其內在心靈做聯結。

（Ryce-Menuhin, 1992, p.104）

自我療癒

Weinrib強調自我療癒在沙遊治療中的角色。她發現沙遊治療的一
項基本假定是在無意識深處存有某種自發的傾向，在適當條件的賦予
下，心靈能做自我療癒（Weinrib,1983, p.1）。有此經驗的個案，

對自己身上所擁有的豐富經常出現一種敬畏及驚訝的感覺，
一個伴隨著想像與內在存在的新關係應運而生，並且在親眼目睹

下使其獲得一份新的自我價值感及一股新力量。基於此經驗，他開始覺得內在真的有一個療癒及系統化的因子，使其能超越自我意識，而且它值得被信任。（Weinrib, 1983, pp.77-78）

Ammann 也覺得

　　沙遊治療的療癒不是基於外人，而是出於案主本身的行動。透過案主本身的創意和態度，他在治療中所展現的能量變得顯而易見。我們可以說每幅沙圖都是一個實際的誕生行動。

（Ammann, 1991, p.121）

　　大致而言，Ryce-Menuhin 在沙遊治療歷程中看起來比其他兩位作者採取更權威的角色，但是他也像他們一樣認為沙遊治療師如同一位「沈默不語的觀察夥伴」（Ryce-Menuhin, 1992, p.32），他最基本的工作就是在那裡見證沙遊治療的儀式。在此靜默中，「個案那與內在及非理性的衝動有關的直覺將毫無保留地流露於沙遊治療中」（Ryce-Menuhin, 1992, p.28）。

治療師

　　三位作者皆認同治療師必須表現一種默默的支持，而且對沙遊治療中他們自己的內在發生的事了解愈深愈好。Weinrib 認為「治療師傾聽，觀察，以及同理及認知性地參與，語言要愈少愈好」（Weinrib, 1983, p.12）。再者，「沙遊治療師必須克制自己對模糊的問題找尋具體答案的衝動」（Weinrib, 1983, p.16）。

　　治療師若對這些發展階段及其象徵表現不了解，此歷程的效果將極其有限，這份了解強化了治療師與個案之間無以言喻的親善關係……治療師在意識上了解個案無意識所知的事。

（Weinrib, 1983, p.29）

Weinrib 描述治療師該如何做才能得到個案的信任：

> 他必須曾經驗過深入的自我分析以及有充分的臨床訓練，訓練中需包含廣泛的原型象徵知識；他必須曾經驗自己身為個案的沙遊治療個人歷程；他必須熟悉個案在歷程中所呈現的發展階段；而且曾研究及比較過許多不同的沙圖，這是唯一可以了解他們的方法。身為過程的扶持者，他本身必須具有穩固的基礎。
>
> （Weinrib, 1983, p.29）

Ammann 詳述「分析師需要的是謹言慎行及良好的敏感度」（Ammann, 1991, p.121），治療師的任務是

> 協助案主領悟沙遊治療過程所發生的事，保護及支持這個歷程，並在危機中介入。但治療師最主要的任務是以最少的語言讓案主的歷程得以持續下去。 （Ammann, 1991, p.4）

雖然她說一些「智力的闡述」「智慧原則」以抓住沙圖中隱藏的意涵，但「重點是看到它們時要能掌握及激發它們！」（Ammann, 1991, p.57）。分析師以「愉悅且機警的眼神」跟隨個案創作的過程（Ammann, 1991, p.31）。

Ryce-Menuhin 指出沙遊治療師剛開始時不必立即檢測沙圖的涵義，只需在那裡耐心等候發展，但就像其他兩位作者一樣，Ryce-Menuhin 有時也會做一些口語的評論。

> 治療師在適當的地方做象徵性意義的詮釋，以單一觀點或在必要之處加以詳述的方式將這些回饋給個案，讓他可能與兒童原型及自己選擇讓它流入沙遊治療之過去既存智慧的其他原型意象重新聯結。 （Ryce-Menuhin, 1992, p.36）

沙景完成後

　　三位作者對沙遊治療之討論最大的差異在於沙景完成的後續工作，Weinrib 強烈的堅持「個案所創造的沙圖」絕不可「在當下做詮釋」（引自 Weinrib 一九九二年九月二十一日所發表的論文引言）。但是，

　　　　沙圖完成之後，治療師可能邀請個案談一談沙圖的故事，或詢問相關的問題，或探問個案對沙圖的評論及聯想，治療師不會為了聯想而壓迫或面質個案……強迫聯想可能鼓勵理智的活動，除非是最自發的活動，其他的活動在此時都不適合。
　　　　　　　　　　　　　　　　　　　　　　　　（Weinrib, 1983, p.13）

然而，

　　　　她也提出實務上偶發的例外情形，假如個案並不喜歡做沙遊治療，並且懷疑它的價值，（或）假如特定的主題有急迫的重要性，或個案有嚴重的焦慮及在認知了解上需要再保證，我會對其早期的沙圖做部分評論，使其確信沙圖真的能溝通他說不出來的感覺……。　　　　　　　　　　　　　　（Weinrib, 1983, p.13）

　　Ammann 很明顯地是依個案處於沙遊治療歷程的第一階段或第二階段而做不同的處置。處於療癒階段者，案主遠離理智的思考，沈浸於觸感的活化中，而且一般完成沙盤後，Ammann 覺得

　　　　案主將她所做的沙圖帶進內心，這將造成其情緒上的後續波動，並持續到下一小時的治療……因此做完沙圖後立刻詮釋是不對的，對沙圖做理智上僵固的詮釋將隱含危險，它將打斷參與及跟隨其創作的情緒流和感覺流。　　　　（Ammann, 1991, p.3）

　　然而，在轉化階段，個案已具有較穩定的自我，其沙景就可能加以討論及詮釋（Ammann, 1991, pp.4-6）。她補充說明在轉化階段的沙遊治療參與者「會嘗試去理解每一幅沙圖，並且使其意義顯露出來及意識化」（Ammann, 1991, p.5）。

　　Ryce-Menuhin 認為與個案討論象徵對其有何意義相當重要，但他也認為個案並不需要知道治療者可能會思考的其他象徵意義（Ryce-Menuhin, 1992, pp.4-5）。

　　我和這些作者一樣儘量避免在沙景完成的當下立即做討論，但我承認有時也有一些例外情形，然而例外發生的機率比他們三位任何一位都少。

回顧與詮釋

　　三位學者在每幅沙景完成後都拍下照片或幻燈片並且再回顧，Weinrib 會將後續的回顧延後至她覺得本我已更聚集（constellated），而且「自我也變得夠強壯來適當的統整資料」時才進行（Weinrib, 1983, p.14）。她認為，

　　　　此時可能對個案做解釋、擴大意義或詮釋，並做問題回答。當個案看到自己的歷程發展照片時，經常不需要再說什麼，幻燈片本身似直接在向個案闡述。　　　　　　　（Weinrib, 1983, p.14）

Ammann 也做個案幻燈片的回顧，她說：

　　　　對我而言，在沙遊治療歷程結束後，對這些具有較穩定自我的案主能小心地看看幻燈片是非常重要……但對某些特定個案，圖像做邏輯性或詮釋性的討論對未必需要，因為這些圖像早已影響到生命的早期階段，在這個階段，生命是生理心理結合在一起的。　　　　　　　　　　　（Ammann, 1991, p.6 & p.46）

Ryce-Menuhin 引述 Jung 的話「對某些個案做詮釋是治療的必需性」（Ryce-Menuhin, 1922, p.33）。

但 Ryce-Menuhin 繼續提出警告：

> 在經驗沙遊治療後，讓個案進入生活但沒有做詮釋，確切來說就好像看到某人摔傷腳踝，漸漸好轉，但當護模取下後，沒有協助受傷的人再學習走路一樣……象徵性詮釋所做的就是提升自我強度的可能性，並讓它能從無意識中更分化出來。
>
> （Ryce-Menuhin, 1992, p.34 & p.89）

我與三位學者的不同點在於我並不認為沙遊治療過程結束後，在回溯時治療師一定要詮釋幻燈片。所以我寧可說延後「回顧」，而非延後「詮釋」。我覺得即使在沙遊治療完成後，雙方延後看沙圖，治療師的詮釋比較於治療師與個案同時發生的洞察，仍應居於次要的位置。我喜歡等，直等到非語言的過程有時間「修通」，而且態度及行為有時間追上沙遊治療的歷程時。也許它需要五年或者更久的時間。

特殊貢獻

此三位作者的經驗對沙遊治療領域都有特殊的貢獻，Weinrib 是唯一特別提出沙遊治療可用以省略掉發生在 Jung 分析中的某些階段的作者，根據她的觀點「沙遊治療可以加速個體化的歷程，因為它似乎更直接的朝本我凝聚（constellation of the Self）前進，並使自我得以復甦」（Weinrib, 1983, p.87）。

Weinrib 同時也提出沙遊治療的幾個階段，其順序為：首先出現寫實沙景；其次為較深層的沙景，包括陰影；接觸到本我；重生自我的浮現、陽性及陰性的辨別；最後則出現心靈圖像或抽象的宗教象徵（Weinrib, 1983, pp.76-79）。

Ammann 對沙遊治療及煉金術做了詳細的比較，並指出「兩個方法中的想像活動乃隨著物質與具有心理成分的身體彼此相互作用而

來」（Ammann, 1991, pp.13-15）。她不但是治療師，而且像一位建築師，有效的運用房子及花園作為心靈的隱喻，她也探討為什麼長方形的沙盤比方型或圓型的沙盤更好的問題。

> 因為長方形的長度不相等，其空間製造緊張、不安、活動及前進的需求，但是方形或圓形的空間創造平衡、安定，與注意力集中於中心的感覺。分析歷程可比喻為在沒有中心的空間（uncentered space）持續不斷的追尋中心。　　（Ammann, 1991, p.18）

Ammann 及 Ryce-Menuhin 兩者皆使用「區域圖」（mapping）來幫忙了解物件擺放於不同沙盤位置之意義。但兩者的系統並不一致。這可能住在山裡，四周被土地所圍繞的人，與住在平地，四周被水環繞的人所獲得的沙遊治療經驗有所不同。我想這正好印證我對使用別人所發展的沙遊治療地圖（map）的懷疑。假如你想使用此種系統，我想最好從你個人做沙遊治療的經驗發展你自己的方法較為合宜。

Ryce-Menuhin 強調沙遊治療中儀式化的需求。

> 當一個人與自己開始一段新的關係，他需要用儀式來涵容因了解而產生的強大轉化……因為儀式化的氣氛在進展中會一再發生，因此需要一個特殊的儀式起始地。
> 　　（Ryce-Menuhin, 1992, pp.28-29）

Ryce-Menuhin 也特別討論誰適合沙遊治療，誰不適合。他很有智慧的下結論：「沙遊治療並非能治百病的萬靈丹」（Ryce-Menuhin, 1992, pp.34-36）。

我特別欣賞 Ryce-Menuhin 認為沙遊治療師仍有許多需要繼續學習的觀點，誠如他所說：「沙遊治療詮釋的藝術及科學至今才在最初的六十年。個案和治療師一齊來尋覓」（Ryce-Menuhin, 1992, p.32）。

第五章

容格分析與沙遊治療

在我擔任容格分析師的工作裡，我用下列三種方式來做沙遊治療已超過二十年了：

1. 以分析為主，沙遊治療為輔；
2. 以沙遊治療為主，口語治療或分析為輔；
3. 沙遊治療與分析同時並進，但分別由兩位不同的分析師或治療師進行。

許多分析師使用第一種方式將沙遊治療作為口語分析的輔助。有些人視其與夢的解析相似，有時甚至可以替代夢的解析。在此脈絡下，治療師可能會問個案關於沙盤的問題，例如物件對其意義為何或他們的連想為何等—然後可能會詮釋沙景；也就是將沙景與過去的歷史、現在的問題及移情加以連結。最初我也以此種方式進行沙遊治療，將它作為口語分析的輔助，並如同做夢的解析一般給予立即的詮釋，後來我才發現延後詮釋的好處。

Ida 是以兩種方式使用沙遊治療的個案，她總共完成七十一盤，前四十四盤每當她完成沙盤後我們花許多時間討論她的沙景。後來有一個轉變，就是在最後二十七盤的每一次製作過程中，我們討論她每天的生活或夢，完全沒有討論沙景。這轉變與她歷程的深度相符，並使她的狀況獲得更多進展。對我來說，這個個案以及其他的經驗在我心裡留下了深刻的印象。

將沙遊治療當作主要的治療形式的第二種方式，是 Dora Kalff 所教導的方式。不幸的是在其沙遊治療著作的第二版，背面的封頁竟出現一個極大的錯誤，即「沙遊治療本身不是一種心理治療的方法」，

Dora Kalff 為此疏漏極為難過，此敘述應改為「沙遊治療本身即是一種心理治療的方法」。這是她的重點，但她也重視在沙遊治療之外應該有時間討論每天的問題及重要的夢境（Kalff, 1991, p.14）。

　　將沙遊治療歷程與口語治療分開進行的第三種方式是最引人爭論的使用方式。我第一次實驗此方式始於一位分析師同事，他有沙遊治療的設備，但自認為訓練不夠充分，所以要求我是否可以在他為個案進行口語分析時，也為其進行沙遊治療。我們建立明確的「原則」，即案主不與原來的分析師討論沙遊治療的歷程，將此討論延至歷程結束後，而分析師與我在此期間不做任何接觸，直到沙遊治療歷程已經完成數月後三人才碰面，一起回顧沙盤的幻燈片。實驗結束後，我們三人都認為此合作方式可行而且有效。

　　至此之後，我對其他的幾位個案使用此種方式都覺得很自在。但一位做沙遊治療的同事質疑我阻礙了個案與分析師討論其生活中的重要事件，我很在意這個質疑。因此詢問一些與我以此雙管齊下的方式進行治療的分析師關於他們在此合作期間的經驗，但沒有任何一位反應有執行上的困難。有一位分享她對我能照顧個案治療中的象徵層面感到如釋重負，因為她和個案似乎較著重於生活中重要核心的討論。另一位分析師說他甚至沒有覺察到自己不想和個案討論沙遊治療的過程！但只有一次，個案的沙圖是其曾於口語分析中討論過的夢境所做的延伸。那時我感到很滿意，我認為將沙遊治療和口語分析兩種治療方式分開並行並不會產生問題。

　　沙遊治療師依其專業背景不同，對沙遊治療也有不同的期待或「使用方式」。社會工作者、婚姻與家庭及兒童諮商員被訓練去注意家庭內在關係的細節，並具有訪問其他相關人，譬如家人或老師的自由，有時他們視沙圖為釐清他們對此家庭內在關係之理解的另類方式。而心理治療師及精神科醫師經常被訓練將焦點置於診斷，有時傾向將沙遊治療當做一種評估的技術。此兩者都利用沙圖來確認或修正他們對個案之病況的想法。

　　這些使用沙遊治療的方式都很重要，但我覺得使用沙遊治療若只

為這些目的就等於將沙遊治療獨特的貢獻忽略掉了。我一再強調「沙遊治療是為了療癒而非為診斷」。沙遊治療獨特的治療品質是由同理加以活化。當個案經驗到在沙遊治療的歷程，治療師或「目擊者」對他們的感受不只是同意（體諒），而且能進入（同理），療癒和成長這兩股動力在其內在才得以聚集。

沙遊治療提供一種「掉入」會說話之前心靈中母性（matriarchal）區域的方法。口語表達可能會干擾此種狀態，因為它需要清楚的意識。我所治療的成人大多很注重大腦，因此此種「遊戲」及與無意識資料接觸的經驗具有非常重要的價值。

然而我也相信Estelle Weinrib所說的「延後詮釋」是必要的。在我的經驗中，延後五年或五年以上最好。我認為我們都受到自己的治療經驗極大的影響。我本身是延後了十年才做詮釋。沙遊治療的歷程在那段超乎我意識覺察之外的日子裡持續運作著。當 Dora Kalff 與我在十年後一起進行幻燈片回顧時，那個經驗十分深刻。而當我與我五年／十年前所治療的個案共同回顧幻燈片時，我並不認為那是詮釋，我認為那是彼此互相了解在那段期間發生了什麼事，以及從那個歷程中發生了什麼事，那是一種相互知悉，以及相互「啊哈！」或「哇嘸！」的經驗。

所有的治療師會發現最適合自己工作的方法，我們沒有理由要求所有人都以同樣的方式做治療。我們在共移情中投入自己的個性及方式極為重要，所以每個人都需要發展更自然或更適合自己的個人模式。

同時，我想用一些潛能沒被開發的樂器來比擬沙遊治療。當治療師把沙遊治療當作他們所熟知的其他技巧時，沙遊治療的重要性及其全貌就可能喪失。但要學會它所有的用法並不容易，當我們習慣以「口語來做治療」時就不容易遵守以前我曾聽過的一個告誡，「別老是一直說話，坐著就好！」當我們發現某一個沙盤與其他沙盤、夢境、共移情、過去歷史或現在的議題之間有清楚的連結時，想要沈默的使用這個連結以強化個人同理，而不是像多數其他治療一樣將它說出來，協助個人將其無意識的東西帶入意識層次並不容易。在沙遊治

療中我們只是讓此連結「運作」，我們可以讓它們在無意識的層次繼續進行其的任務。過早詮釋或做意識性的連結（我習慣稱之為「詮釋」）可能會對個案造成剝奪。甜美的果實很難不勞而獲，它們必須先在無意識的層次進行必要的運作。

但是此種對同理及「不去干涉歷程」的強調絕非意指治療師可以用最少的經驗與訓練來打混。恰好相反，除了同理，我們還需要具有良好及紮實的臨床知識和經驗基礎。不管直覺多麼靈敏，我們都不能只仰賴直覺來引領我們。沙遊治療師有時會問為何他們需要了解象徵、病理學、共移情、家庭星座（family constellations）等。當然能盡其所能的了解心靈非常重要。沒有這些知識，我不認為我們能夠在治療上發揮功能。發展真正的同理心很重要。它需要儲存著，必需時就可提取。而知道何時使用它的知識又更重要。

有時我認為沙遊治療像划船，讓它自然無礙最好。但是，如果船遠離我們，或風愈來愈強或風完全靜止，我們必須有良好的馬達，一個值得信賴的馬達將我們帶離危險的地方。那也就是我們的治療知識，長期經驗，自信，以及能注意到個案發生了什麼的能力，可以在個案有危機時及必需做方向及途徑的決定時，給予保護。

第六章

共移情

　　Dora Kalff 所使用的「移情」一詞主要意指「自由且受保護的空間」，而這也是她的治療中最重要的特色。在其著作的緒論中，她說當兒童的本我聚集於治療中時，她試著透過移情來保護它（Kalff, 1980, p.29）。與 Dora Kalff 工作過的人發現她真的讓他們覺得自己可以自由的做自己想做的事，她也會保護他們，因此他們可以做必須做的事，此即為 Dora Kalff 所指「移情」的真意。若與致力於讓過去的感覺轉移到現在的情境相較，她其實更關心當下的感覺經驗。

　　在沙遊治療的研討會提及移情及反移情時大部分都是指治療師與個案當下的關係，以及每個人對此關係的經驗，而非指關係中過去經驗的轉移。

　　然而所有的關係都必須包含先前關係的元素。在古典分析的文獻中，移情基本上是指將過去的情感帶到現在的情形。Freud 率先使用移情這個名詞來描述他的女個案愛上他的情形，他了解他的個案正受到早期經驗對其反覆的衝擊，而個案與他的關係中通常伴隨著父母的影象。Freud 總視這些感覺為天生的性趨力，並且警告精神科醫師避免落入愛上個案的「反移情」中（Freud, 1915, p.97 & p.157）。

　　Jung 發現煉金術有助於理解移情和反移情的概念，他視移情是煉金術中神秘婚禮（或稱為合體（coniunctio））原型的活化。醫生的任務是協助個案能更覺察在此經驗中原型的重要性。他覺得這將為個案帶來人格的重整並使他更往個體化過程邁進（Jung, 1954b, pp.163-321）。

　　根據 Fordham 於 1978 年的說法，當個案從過去經驗中將重要他人的影像轉移或投射到治療師身上時，治療師常常能辨識此投射。此

「投射性認同」（projective identification）使治療師「將自己置入，去感受與案主同在或感受發生在其個案身上的經驗」，此可協助治療師更進一步地了解個案（Fordham, 1978, p.91）。

自體心理學（the school of self-psychology）的創始人 Kohut 重視利用同理的氣氛促發他稱之為「自體─客體」（self-object）的移情到治療者身上的必要性。此移情會在分析師不經意的同理不足時偶爾被攪亂。假如治療師可以接納個案對同理不足所產生的負向回應，並能協助他們了解它是童年經驗恢復活躍的一部分，移情將成為一種療癒的來源（Kohut, 1984, p.206）。

在沙遊治療中「移情」這個名詞通常是只指正向的情感，而非指正向及負向的情感。在 Kalff 的著作中，它幾乎都是指受到注意的正向情感，個人的負向情感通常沒有提及。當一個孩子在她家剛粉刷過的牆上擲飛鏢，Kalff很重視她允許他丟飛鏢代表著向孩子保證她想幫助他的感受，而不一定是他在對她表達負向的感受（Kalff, 1980, p. 67）。在其著作中她對自己的感受幾乎都以正向的方式表達，例如：「我對他感到很抱歉。」「我為他感到高興」「我受到很大的感動」。她分享一個孩子告訴她的觀點：「你愛我而且我也愛你，那不是很棒嗎？」（Kalff, 1980, p.129）。這就是Kalff所創造的氣氛，它很像Winnicott 所描述母嬰之間愛上彼此的關係。

然而，在後來的臨床經驗中，我們發現正向和負向的經驗對沙遊治療的療程都有重要的衝擊。Hayao Kawai 與其他國際沙遊治療學會會議的與會者討論，他們身為治療者對某一個特別的沙盤，正向及負向的感覺一種批判的程度，會影響後續沙盤的製作。而且，對於如Emmy 這類的個案而言，在沙盤中負向移情感受的表達可協助他們釋放產生力量的能力。

想控制移情的反應是極為困難的一件事，我早期督導之一，她的髮型和我母親的紅頭髮一樣。即使我不認為他們的個性相像，但不管

怎麼試，我都無法從她身上去除我母親的影子。

　　但是假如我們的投射是意識性的，我們對移情則略有控制力。幾年前一位年輕治療師告訴我一件事情，至今我仍為之憾動。當時她為一對年老的夫妻做婚姻諮商，第三次會談進行到一半時她站起來，堅定的說：「很抱歉，我無法再與您們繼續工作下去，您們讓我太想到我的父母」。雖然這位年輕的治療師無法控制她的感覺，她卻能辨識它們。此辨識使她做出不會因為無意識投射而傷害到個案。

　　身為治療師，我們要特別警覺一些線索，告訴我們，我們在投射，不管是正面的或是負面的。我們必須努力提升我們的投射至意識層次。我們必須持續不斷的加以注意。

　　在沙遊治療中，個案可能描述某個特別的形象代表著治療師。有時他們會在製作沙景時表達出來，有時等到回顧沙圖時才意識到。兒童經常會要治療師在沙盤中扮演特別的角色。例如 Kathy 將我們彼此安排站在沙盤對立的兩邊互相發射大砲，她射我，我射她。在這個過程中負向的移情是流瀉出來，但沒有破壞性。

　　許多人已察覺到治療師在診療室時，身體的位置，對了解沙盤的重要性。以我個人的經驗，我注意到沙景的取向或重要圖像的位置與我坐在哪裡有關。一段歷程可能在我所坐的角落前展開，或可能有一枝槍朝我的方向擺放。

　　如同 Kiepenheuer 在早期會議中指出，沙遊物件的蒐集即為治療師個人的延伸。個案對我們的蒐集物的反應經常也是提示當下對我們的感覺。有人可能會抱怨他需要的東西不在架上，或將我們的蒐集與其他人的蒐集相互比較，而說我們的較不充分。隔幾天，也許就在下一次，同一個個案可能讚賞我們的蒐集或變得較投入於找尋他所需要的東西。他們對我們的感覺真是好些了。

　　治療師對批評或讚美會感到非預期的內在反應。有時我會口頭上為我的蒐集辯護。我認為這些感覺是自然的，但最重要的是我們能意識到自己對這些批評及讚美的反應。治療師不只是觀察者也是參與者。使用沙盤也許會促進當觀察者的角色，卻不能忽視當參與者的角

色。也許我對個案批評我的沙盤物件的抗拒比對我個人之批評的抗拒少，但我仍覺得很抗拒，非常抗拒！

這也幫助我了解即使我們不是很明顯的犯錯，但一個人對我們可能自然會產生負向的情感。畢竟我們需要休假、需要收費、而且我們要控制時間。幾年前，我發現我開始避免使用「反移情」這個名詞，我喜歡用「共移情」來取代反移情，它暗指一種「共同」「相互」的感受，而不是反字的「對抗」感。我使用共移情一詞來稱呼治療師與個案治療性的關係感受，此內在感受似乎是同時發生，而不是像「移情─反移情」這個複合名詞聽起來像兩者是接續發生的。

這些感覺我相信需由早期及現在所發生的事件來決定，而且它不只是接受治療者所做的投射，也可能是治療師本身的投射。兩者都可在對方身上找到可以掛著，可以投射自己身上所沒有用到的，所壓抑的，或個人過去的經驗，或原型意像的鉤。而且兩人都會對這些投射做出反應，個人很難不受所投射的重要他人所影響。此外，投射和反應經常完全發生在無意識的層次。治療關係是一種非常複雜且有價值的調和，此即我說共移情這個名詞時所指的調和。

第七章

羅夏克與羅傑斯

　　我第一次開始將沙遊運用於兒童時，我仍在進行學校或臨床的診斷工作。所以我將沙遊涵括到我的診斷配備中，將它當作像羅夏克墨漬投射測驗一般，我發現它非常好用。但同時也發現我無法將這個評量用在即將接受我治療的兒童身上，如果我這麼做，孩子就必須對我「表演」，而我也要準備擔任兒童的評判者，於是接下來的治療性沙遊孩子們無法感到完全的自由。

　　利用沙遊當作評量工具有點像把小提琴用來支撐一個少一隻腳的桌子，有幫助，但可能損傷小提琴，並且使它無法再為下午茶或午餐做演奏。較好的方式是找一個盒子或一根木材支撐桌子，讓小提琴能繼續演奏音樂。

　　假如將沙遊用於評量，雖沒公開這麼說，人們還是會覺得受到批判性的評價。有許多證據確實顯示在關係親密的人之間溝通會無意識地進行，就像在母子、愛人、或在治療師和個案之間。假如一個治療師看著沙盤想「這顯示潛在的精神分裂」或「這個人是自戀性人格」，或「這表示敵意」，他們批判性的態度會下意識的傳給個案。較好的做法是把沙景視為個人當下適應自己內外在問題、創傷或衝突的方式。

　　有些使用羅夏克墨漬測驗來評量的治療師傾向詮釋沙景為一種投射性測驗，就像他們所使用的羅夏克墨漬測驗一樣。例如，我記得有一位心理醫師視沙盤中食物的圖像為個案飢餓及有需求的表示，而不認為他積極的在那裡做一些事以「滋養」自己。個案事實上會在沙盤中象徵性地為自己準備所需的事物，不管是食物、關心的母親或是與敵人對抗的能量等。

　　假如一個人能直接在治療之外的生活取得所需，也許他就不需要在沙遊治療中處理它了。我記得有一位婦女，她有長期的懼曠症（agoraphobia）病史。雖然她在智力層次解決了這個問題，但恐懼的習慣仍然存在。有一天因為她的小女嬰突然需要送急診，而她是唯一能帶她的人。她開著自己兩年來不敢開的車子，載女兒及五歲大的兒子前往醫院。在開車時，她反覆的要求兒子「告訴我我是個好媽媽」，他照做了，於是她順利地執行了此項任務。她的恐懼被中止了。

　　不管在生活或在沙遊治療中，個人需要額外的能量來執行任務之前，通常需要給自己一些滋養。Ilsa 在沙盤內，放了一隻在飲用池水的小鹿。於是在下一盤她首次在沙景中呈現開放的凹洞代表她願意面對她長期以來否認的傷口。

　　此種在治療中朝較少評價、較少詮釋及較多同理回映的取向並非創新。Carl Rogers 於一九四○年代所介紹的「當事人中心治療」（client-centered therapy）即為一種藉反映感受來進行治療的方式（Rogers, 1942, p.144），這是我第一次接觸到這種治療方式，我非常喜歡這方式，而且發現它能協助我去尊敬個人的歷程。除非有充分的理由，我盡量避免說任何不是反映個案感受的話。我將 Rogers 的話銘記在心：「使用沈默可能，很神奇的，是一種反映技巧」（Rogers, 1942, p.165）。後來他補充說明：「洞察並非從說話中被說服，它是當事人自己取得的一種經驗」（Rogers, 1942, p.179）。

　　沙遊也是一種反映式的治療方法。就像 Rogers 是一位能給予同理反應的治療師，它的功用就是「一面照見當事人真實自己的鏡子」（Rogers, 1942, p.144）。

第八章

表達與經驗之對比

　　「沙盤治療」（sandtray）與「沙遊治療」（sandplay）有些不同，前者較強調表達（*expression*），後者較強調經驗（*experience*）。Margaret Lowenfeld 是首位在臨床上將沙盤發展成治療性媒介的人，她選擇提供兒童此特殊媒介，因為她覺得它能協助他們將難以向治療師「表達的內容表達出來」。他們能說出之前因為情緒衝擊而無法向他人溝通的內容。此與現代心理治療的始姐「渲洩」（catharsis）有異曲同工之妙。John Hood-Williams 後來承接了 Lowenfeld 的工作，將它發揚至美國，並教導了許多 Lowenfeld 工作的追隨者，而基本上他們視沙盤為一種表達，而較不是一種經驗。

　　另外，Dora Kalff 強調當事人在製作沙景時實際經驗的重要性。她對我的糾正令我印象極為深刻，當我說：「如果兒童使用橋，顯示他具有與另外一方建立溝通的潛力」，Kalff 卻說：「當事人的確在為溝通而努力」。從那時候開始我嘗試把沙景視為當下生命經驗之表現，而是把它視為表達或經驗之潛能。因為在沙遊治療中，當事人自己經驗到什麼比治療師認為他對治療師表達了什麼更為重要。

　　有一次我的一位當事人從頭到尾沒有做沙景，我將空白的沙盤照片展示給一位學生看，問她對她而言此意義為何，她回答：「當事人想告訴我他／她感到多麼空虛。」

　　我認為此回答即從當事人想向治療師做表達的觀點，只說了一部分。根據 Jung 的說法：「只有在完全被放逐及孤獨的狀態中，我們才能經驗到內在本質有所助益的力量」（Jung, 1969a, p.342）。透過靜靜的凝視此空白沙盤，沒有治療師大聲或沈默的干擾影響，當事人才有機會不只表達，而且實際上去經驗其空虛及其天生的療癒的力量。

第九章

評　價

　　在我們的生活經驗中，評價似乎是每個人普遍的經驗。嬰兒從母體誕生的那一刻開始評價就出現了。小嬰兒馬上被檢查而決定是男是女。在那一刻它就被評價了。在某些文化中，身為女孩就是負面的特徵，於是女嬰被處死了。接下來的評價是檢測嬰兒的體重有多重？身高有多高？現在的新技術不必等到出生，在產前就被評價了。在子宮中的胎兒會被評估。那將是男孩或女孩？有沒有什麼異狀？

　　只有新生兒的母親對他／她沒有評價，無論他／她的性別、身高或體重為何，嬰兒都無條件的被抱到她的胸前給予滋養。小嬰兒看到母親的美，而母親也在嬰兒身上看到美。Winnicott 以他們「愛上對方」來描述母嬰之間的連結（bonding）。在他們的世界中只有同理沒有評價。他們是最完美的組合。

　　在治療性的工作中也有一種「母性」（mothering）的狀態，稱之為「無條件的愛」（unconditional love），即完全的接納。後來會有一階段是此狀態不能滿足的提供個人的成長。誠如一位個案告訴我說：「我不要你為我原來的樣子愛我，我要你為我所能做的來愛我」。然後我們的關係改變了。我發現我自己評估她在學校作業中的表現，她工作的尋找、以及她的愛情關係。我看著她對成功、任務、及成就的趨力。我嘗試超越先前的「母性」階段，協助她做更多她必須做的。我已進入陪伴她的「父性」（fathering）階段。

　　在第一階段中，沒有因為你做了什麼或不做什麼而被愛，只有你是什麼或你不是什麼而已。但在第二階段，你可藉由你的表現來獲得愛；如果你做到你就會被愛。當然這兩個階段也可能重疊存在。

大部分都是非語言的沙遊，主要屬於早期的母性階段，如同 John Beebe 所說，

　　自從 Winnicott 之後，分析師喜歡一種工作方式，即接納性的涵容個案的心理素材（material）。有積極投入的興趣，但不影響到個案本身的情緒軌道，這是現在比做詮釋還偏好的方式。

（Beebe, 1992, p.72）

Beebe 另外摘述 Jung 相似的段落：

　　我們必須能讓事情能在心靈中自然產生，對我們而言，這是一門多數人所不知道的藝術，意識永遠是干擾、協助、修正、及否認的，絕對不讓心靈得以平靜的成長。　　（Jung, 1967, p.16）

　　在沙遊中，我們不給評價，我們接受個體的獨特性和他們調適及處理他們的創傷、問題及病症的方式。我們在不干擾個案之下，享受其歷程之美、獨特之美，及其自我療癒之美。這也是何以沙遊治療歷程有效的原因。

第十章

沙遊的賞析

　　近來我閱讀一本談美的論文（Gillmar, 1994），作者談到觀察者和物件、觀賞者和繪畫、聆聽者和音樂之間的「共鳴」。對我而言，此感受亦發生於沙遊中。雖然治療師沈默不語，但在沈默中對沙盤的歷程有一股共鳴感。治療師同理案主並對沙景產生共鳴。

　　然而，我覺得很困惑，「共鳴是如何被教導的呢？它在藝術中如何被教導呢？我們如何才能學會欣賞這些美呢？」我想起了我參加「藝術欣賞」及「音樂欣賞」的課程。也許我們也需要一堂「沙遊治療賞析」的課程！我們可以放在沙遊治療背景下任何重要的內容，包括神話、童話故事、容格學派的理論、其他的心理治療理論、煉金術、易經（the I Ching）、瑜珈的氣輪（chakras）、象徵以及夢的解析。然後治療師可在需要的時候應用這些背景資料，或者當它們（這些背景資料）在治療師欣賞沙景出現時，就與之共鳴。

　　Gillmar也談到「美的捕捉」，對我而言美的捕捉就如同沙遊中同時性的時刻（synchronistic moment），當所有都靜止，你及案主都處於某種高過彼此的韻律中，那樣的感覺有點像所有、像整體或像本我。在那個片刻，治療師及個案兩人都獲得轉化了。

第十一章

沙遊治療四要素：
自由、保護、同理、信任

▌自由且受保護的空間

　　自由與保護兩者很難同時存在，野生動物擁有自由但未受到保護，家禽家畜受到保護卻失去自由，而兒童也是受到保護但不自由，成人則依其所在國家或歷史朝代而擁有其一，能同時擁有二者是很罕見的，這也是沙遊治療何以如此迷人的原因之一。

　　自由是什麼呢？個人能做他想做的事即是自由。在口語治療中個人可以很自由的說他想說的，在沙遊治療中個人能自由的在沙盤中去做他想做的。「做」往往比「說」更能呈現完整的個人。

　　保護又是什麼呢？使其免於曝光，使其為所做的內容不受到懲罰或批評、或不受到評價。而且秘密被守住了。個人可以安全的做自己。又個人不需要戴面具。又當個人失去自我而且需要被協助以免傷害自己或治療師時，治療師會加以保護。

▌同理和信任

　　當我們說「信任關係能很快建立」，我們所指的是治療師與個案間的一般關係。但當我們討論到移情時，其意涵遠大於前者。我們所指的是治療師對個案的同理及個案對治療師的信任。除非正向的共移情出現，我懷疑療效是否真的會出現。

　　每當我第一次看個案時，我通常不會覺得信任或不信任。我太忙

著去同理及感受這個人。當個案感覺到我與他們同感受時,他們就會
對我產生信任,相信我會尊敬他們內在的心理素材,相信他們可以以
任何他們需要的方式與我在一起,而我會接受他們。他們覺得很安全
的,可以做自己。隨著治療的進展,也許有更多相互依存的同理和信
任會產生,治療師培養了個案的信任,而個案也啟發了治療師的同理。

　　此即 Dora Kalff 在其沙遊治療中所提供的自由且受保護的空間。
她對個案能產生幾近立即的同理,而個案對她也產生近乎立即的信任。

　　一旦此共移情的磁場建立起來,療癒及成長就會自然發生。

第十二章

沙遊治療的語言

　　我們可以說夢的語言是從做夢者的無意識傳遞到意識層次的訊息。沙遊治療的語言也很相似，在沙景中，案主的經驗也以一種非口語、大量無意識的語言記錄下來，如果治療師知道得夠多即可理解。我們了解沙遊治療語言的程度讓我們真的能懂得個案的過程，或如Harriet Friedman 所說的「跟隨著」這個歷程。我們可以讀出在此故事中發生了什麼事，個案經歷了什麼事，以幫助我們同理，並使我們保持敏銳及注意。

　　當我們使用沙盤、小物件及治療師的同理等相同的媒介來體驗我們自己的沙遊歷程時，就更能有效的幫助我們讀取、傾聽、及了解別人的沙遊治療歷程。就像一位諮商員告訴一位母親說：「要解決及了解你家青春期女兒的最好方式就是去讀你自己青春期的日記。」

　　沙遊治療中的語言是從宇宙或原型透過文化到個人的一條連續線。例如太陽的圖像有許多普遍的意義。對全世界各地的人來說，身體經常有的相同經驗是有太陽時天空是亮的，看不見太陽時天空是暗的；有太陽時氣候溫暖，沒有太陽時氣候寒冷。太陽的意像也帶有力量、指導、高位者或父母的感覺。我們所流傳的神話、傳說及童話故事中的太陽形象提供我們對太陽原型意涵的認識。也許案主並不知道我們所知道的神話，但那並不重要。有許多神話皆反映或表達相同的普遍性意義。每一個神話都只是潛在原型一種的表徵。

　　源自本身特殊文化的語言當然令人「更有回家的感覺」。例如在許多西方文化中，太陽被認為是男性的。德國則例外，太陽（die Sonne）反而被視為女性的。而日本的文化也將太陽視為女性，太陽

女神──天照大御神（Amaterasu）。這些在性別上的文化差異皆會在個案的語言中反映出來。

　　與一般性的原型或文化層次的沙遊治療語言相較，個案個人的語言是獨特的。因為我們通常不會對案主所使用的物件提出疑問或鼓勵他們在歷程中詮釋，除非沙遊治療歷程完成後進行回顧，否則我們也不會知道其個人語言。然而個案經常會在做沙遊治療時自發性的訴說沙景，對此，我們不會特別去阻止，畢竟這是他們的歷程。或在第一次認識個案的會談中，我們也會了解到足以協助我們去「解讀」個案所使用的個人語言元素。

　　我最喜歡舉這個例子。當時我完全錯失某個物件的獨特意義，卻直到回顧時才了解。一位女士從我的嬌蘭香水空瓶中取一個玻璃瓶蓋放在沙盤中，先前也有其他女士利用它表現直覺或在其沙景中做一棵夢幻的玻璃樹，但當這位女士使用它時，這些意義似乎都不適合她，我不知道對她而言它究竟代表什麼意思，直到回顧沙盤時我問她，她說：「它代表我媽媽」。此時我更加困惑，她接著說：「我媽媽也用嬌蘭香水。」

　　特別的項目所代表的意義無論是否普遍，是文化或個人的，皆可由其他幾個因素加以修正：即在沙盤中擺放的位置、在此物件之前擺什麼，其後又擺什麼的時空順序、在前幾盤同樣的位置擺什麼，以及在共移情中發生了什麼事等。

　　對一些沙遊治療者而言，物件在沙盤中擺放的位置即有其意義。對某些人而言，上方和右方代表意識，下方和左方代表無意識。在我剛開始向 Dora Kalff 學習時她發現這些方位很有用，但後來捨棄了它們，因為她認為整個沙盤都源自於無意識。

　　Joel Ryce-Menuhin 延伸此概念以「區域圖」的方式將沙盤畫分為不同層次的意義。在某個層次他視原型投射在沙盤的左側，自我投射在右上方，在另一個層次中，他認為集體無意識（collective unconsciousness）投射在左上方，個人無意識在左邊的中間，集體無意識橫跨沙盤的底部（Ryce-Menuhin, 1992, pp.91-96）。

　　Ruth Ammann建議其他詮釋空間現象的原則；左上方是內在世界，左下方是本能，右上方是集體意識和個人父親，右下方是大地的連結性，個人的母親及身體意像（Ammann, 1991, pp.47-49）。其他的治療師視左上方為個人的父親，左下方是原型的母親，右上方是原型的父親，而右下方則是個人的母親。

　　這些區域圖即使有時其中之一會剛好「適配」，但因為有太多可能阻礙一致性詮釋空間位置之意義的變因，所以對我而言它們並沒有太多幫助。

　　然而，我發現順序（*sequence*）非常重要。例如在沙遊治療歷程中，通常出現較多正向的表達之後才會出現負向的表達。Debbie本來否認任何關於癌症恐懼的討論，直到有一天，她做了一個非常歡樂的場景，她想做第二盤，那是她在同一次單元中唯一一次連做兩盤，在第二盤中她第一次表達她對癌症診斷的恐懼、害怕和生氣。

　　有時候它以另外的方式運作，即在表達負向之後，個人又返回正向，這個現象會出現在單一沙盤的製作過程，也可能在連續幾盤的順序中發現此現象。有時我們可循著擺放於特殊位置之物件的改變去追察轉變的線索。例如在Ilsa的沙盤序列中某個位置擺放有威脅性的物件，在下一次沙盤該位置改放具有保護性的物件。

　　共移情中所發生的內容可能比其他變項更重要。正向移情或只是一點正向的感覺經常出現在早期的沙遊治療歷程中。Emmy在第一盤中放入一位有智慧的老婦人，表達當時她對我的看法。後來有一次當我遲到十分鐘時，她的沙盤製作充滿憤怒。即使在做回顧時，對她而言要意識到她對我的憤怒仍有些困難，但當時她所做的那盤已表達出對我的憤怒，即便它是在無意識的層次。這就是沙遊治療的語言運作方式。

第十三章

詮　釋

有人說接受容格取向心理治療的個案會做容格取向的夢，接受佛洛伊德取向精神分析的個案會做佛洛伊德取向的夢。意指個案會追隨著分析師。

當個案做了一個夢，治療師加以詮釋，個案會學習治療師所使用之取向的觀點，於是個案接下來的夢境皆會受每次詮釋的影響。所以，夢境會追隨著治療師。

不是應該正好相反嗎？治療師不是應該跟著個案嗎？如果個案做了一個佛洛伊德取向的夢，治療師就應該使用佛洛伊德取向的知識；如果個案做了一個容格取向的夢，治療師就應該使用容格取向的知識。

有許多討論是關於臨床的取向或象徵的取向。心理治療師必須兩者皆擁有。個案的心理素材在歷程中有時候可能必需採取某個取向，其他時候則特採另一取向。所以沙遊治療師必須儘可能被訓練到能配合心理素材之需要，而非強加固定的理論取向於其心理素材上。沙遊治療激起臨床與象徵「對立」（opposites）的結合。在同一盤中，物件（figures）本身經常能促進對臨床或象徵兩者或其一的了解。

因為通常進行沙遊治療時治療師不會問問題、討論、或做詮釋性的介入，所以個案一般來說可以不必受治療師取向的影響而按照自己的方式進行。這是沙遊治療勝於夢的解析之處。治療的歷程可以開展；過程中的心靈嚮導是個案自己，而非治療師。

沙遊治療真的是以個案的自我療癒能力為基礎。如果有一個心靈的創傷，一個自由且受保護的空間，且有一個同理的見證，自我療癒的歷程就可因而開始。它的療效來自於過程的經驗，而非理論的詮釋。

　　關於臨床取向：沙遊治療師對臨床的心理素材的關注焦點，做傳統的接案晤談（即蒐集家庭史、個人史、症狀、現在的處境等資料）會因當時的情景與治療師個人因素而異。但當持續治療時更多歷史會浮現。而許多個人的資料在共同回顧幻燈片時才會獲得了解。

　　而且，不管取向為何，共移情一定會出現的。沙遊治療師不僅要時時敏覺沙中物件的共移情表現、了解在目擊沙盤過程中自己的位置對個案的影響、及個案對架上物件的批評或讚美，也要注意發生在治療師與個案之間的事，例如失約或去度假。治療師可能預期個案對他們的愛與恨都會在歷程的某些時候被經驗。治療師也必須時時同等的覺察自己對個案的感覺。他們也可能會有愛與恨的感覺。這兩者都需要被注意。假如治療師的感覺強烈到會影響治療過程時，那他們就應該尋求諮商。

　　關於象徵性的取向：沙遊本身就是象徵性的媒介。每個沙遊的物件都有許多象徵性的意義連結。欲正確的「解讀」物件或用認知加以理解，治療師必須掌握許多不同層次的認知：包括個案個人的過去和現在、個案本身成長的文化及居住地的文化、以及原型或集體無意識等。

　　我們對許多不同文化的閱讀及熟悉來自於不同文化的人會協助我們了解其文化層次。又我們熟悉動物及其他物件（figures）的生物學，並閱讀神話和童話會幫助我們了解原型的層次。

　　我們受傷和療癒的經驗提供了我們做沙遊治療需要的同理基礎。這是一種「同理」，而不只是「同情」，這也是在沙遊治療訓練中，為什麼我們要與能提供自由、保護、及同理經驗的治療師做我們自己的沙遊治療過程是如此的重要。

　　有時候治療師到某位沙遊治療師那裡「做個人過程」只因為要符合國際沙遊學會或美國沙遊治療師學會對成員證照的要求，此有點像佛洛伊德學派「訓練分析」的概念。有時此意謂著個案只是要知道他們所做的夢及其他分析素材被解析的意思，並非真的想進入內心深

處。但治療師必須經驗到進入深層境界的感覺才能欣賞到個案的深層歷程。與受過訓練的沙遊治療師做沙遊治療經常是一種極有力量的媒介，即使個案想快速走過它並保留深層不被碰觸，但它都能使真正的歷程發生。

在訓練中的沙遊治療師有時候也會問：「假如你並不打算告訴所有你治療的人你的觀察，為什麼要嘗試與自己做連結呢？為什麼要學習沙遊治療物件的意義？為什麼要研究原型象徵？」我想答案是因為它幫助我們去跟隨著經驗，去參與案主所擁有的經驗。我們運用所學的去欣賞沙盤中發生了什麼，並去感受這個人發生了什麼。就是這種專注的「傾聽」，以我們的眼睛而非耳朵的傾聽，促進沙遊治療中同理的產生。

所以對我們的訓練來說，不只在認知層次謹慎的加以了解，自己當個案親身去體會沙遊治療也非常重要。即使後來成為沙遊治療師，我們也會持續回顧自己及他人的個案。每當回顧一個過程我們就學到更多，而且更能提供所需的同理。此種同理本身就具有療癒性，且對解除壓抑有益，讓個案能更增加其與無意識療癒力量的接觸。

第十四章

沙遊是爲了療癒

▌身為沙遊治療師，我經常提醒自己以下觀念

第一、沙遊是為了療癒。

第二、在沙盤中所發生的可能是一種困擾及病理的表達，但更重要的是它顯示出個案如何處理其問題。即使在沙盤中表達問題或困擾，也是處理它們的方法。渲泄就是最早的一種心理治療形式。在歷程中的每個沙盤都可被視為不間斷的調適過去與現在創傷的嘗試，或視之為不斷朝向個體化旅程的一步，或同時包含（嘗試與個體化）兩者。整個歷程獲得懂得珍惜，不做評價且具保護性的治療師予以見證。

第三、身為沙遊治療師，我的角色是提供自由、空間、保護及同理，因此此雙層朝向健康及成長的動力能活化療癒及個體化的過程。此歷程不是由我的意識引導，而是由案主本身的無意識引導；療癒是由內而生，而非源自於外。在沙遊治療的過程中，我的角色不是教育、指導或引導。它是因為彼此信任案主內在的引導而產生作用的。而我需要提供的是一份關心、親身在場、以及利用我對歷程的理解而與案主同在。

第四、我必須了解在沙遊歷程中兩個層次的可能重疊：療癒與成長。

(一)療癒

許多創傷源於嬰兒期或兒童期。身為一位治療者，我必須很機警地看出早期情緒、性侵害或其他這類的創傷，並同理及準備好耐心地

允許個人以他／她自己的步調進行。我必須等待一個人在不受語言文字的催促下透過想像及情感去修復記憶。在任何口語表達之前，這個過程可能是默默的分享秘密。我必須了解這個歷程中每個階段可能會產生的恐懼，而且必須準備好在關鍵時刻能隨時提供保護。

(二)成長

　　我必需了解人格發展的階段，意識的擴展，及深度治療師會熟悉的沙遊個體化過程。這些包括：與個體的兒童自我重新接軌；母子關係及父子關係；對立之辨識（男人與女人、好與壞）、透過超越功能來統整對立的兩端；共移情；與個人的本能做朋友；與和個人相反的性別（contra-sexual gender）（阿尼瑪斯／阿尼瑪（animus/anima）產生關聯；追求個人靈性的方式；面質陰影（shadow）；犧牲過時的態度及建立新的態度；夜海之旅（the night sea journey）；死亡與重生；中心感（centering）；神聖的本我經驗；強化自我─本我的主軸；轉化的經驗；以及將專注於內在的能量轉移到外在的創作。

　　第五、而非那是沙遊個案的歷程經驗帶來了痊癒；而不是我對過程的了解帶來痊癒。在沙遊歷程中，我的同理比認知的理解更重要。我的同理幫助我確認案主的經驗，並肯定其感覺和理智，情感及洞察。此療癒歷程可能在無意識的層次發生。

　　第六、然而，我對歷程中所發生之事的了解卻也是重要的。例如：

1. 當我感覺到自己失去同理、不喜歡某些共移情、覺得沮喪或出現批判性時。我必須試著了解這個歷程，並且深入回顧自省，或在謹守保密之下尋求諮詢。

2. 當我必需擔任保護者的角色時。我必須試著了解才知道何時及如何提供保護。對身體虐待、性虐待或其他創傷者，我身為保護者的角色非常重要。我必須能聰明且睿智的懂得所發生的事。

3. 當我對轉介、與親屬討論、打破保密的限制、結案及其他狀況必須做決定時，這些決定除了根據感覺之外還需要思考的。

4. 當沙遊治療過程完成後一段時間，我與案主共同回顧此歷程

時，此時我的經驗及知識就變得很重要。但即便是此時，我仍不能過分支配個案的意見。因為對彼此來說，這份相互的了解使此經驗變得很難忘。

5. 當我在教導時最重要的是在可能範圍之內我必需要知道及了解所有有關沙遊的資料，如此我才能讓別人欣賞沙遊過程的獨特性，我才能同理、而且能在沙遊的歷程中做出必需做的重要決定。

第七、我對沙遊治療的學習是無止盡的。我必須儘可能去學習象徵、人類發展、及心理學理論。我必需持續閱讀、傾聽、及單獨或與其他治療師一起回顧許多沙遊歷程。

第八、在所有的學習中，我都不會忘記Jung曾經說過的話：「儘可能去學習各種理論，但當你觸及活活靈魂的奇蹟時就必須將理論擱置一旁。」（Jung, 1928, p.361）

第十五章

我如何做沙遊

因為治療師在進行沙遊治療的實務上有許多複雜的變項，因此沒有人能建議所謂的標準程序。但我認為分享個人的觀察及經驗有其價值。

擺設沙盤的位置及沙盤所使用的物件會因不同的治療師而有所差異。我的兩個沙盤，一個裝乾沙，一個裝濕沙，擺在櫃台的高度且固定著，它的上方及兩側均有擺放物件的櫃子且讓站在沙盤前方，伸手很容易觸及。另外準備一個高椅子，方便個案隨時需要就可以坐下，但大部分的人都站著做到沙景完成。

沙盤物件的蒐集並沒有一定的標準。每位治療師個人蒐集的獨特性使個案宛如與治療師個人的延伸互動，因此此歷程才能維持在移情的架構中。

有些個案不喜歡塑膠製的小物件，喜歡挑選那些木製品、石製品、金屬製品、或陶製品，也有人特別偏愛貝殼、乾葉子、果核、浮木、海水沖過的石頭、黑色的火山岩塊等。沙盤的底部及周邊均漆成藍色，如此當沙從底部移除時，可輕易的表現水塘或河流而天空可由周邊來代表。我用一個擠壓式的噴壺將濕沙噴溼。假如需要較多水，在室內有洗水檯可提供自來水。有時候案主可能沒有使用任何物件，而偏好以手塑沙，並用其手指頭造出一些溝紋或圖樣。

治療師通常會發展一套向別人介紹沙遊治療的方式。當我向Dora Kalff學習沙遊治療時，我採用她向個案介紹的方式：「你可以看看櫃子上的東西，假如你發現到有些東西好像在對你講話，你就把它拿下來放在沙盤中，然後繼續放你放的東西。」我蠻喜歡這樣的方式，但

我不一定都這樣做。我不一定有固定的指導語。指導語會因情況的需要而產生。第一次會談時我會向個案介紹這個我稱之為「非語言治療室」（non-verbal room）的地方，它除了有沙遊治療的設備，還包含繪畫、黏土及色紙等。我告訴他們將來他們可能會想來這裡而應用這些素材來製做。

接著當個案認為時機對了，我們就會進到這個房間。這時我向他們介紹沙遊或我的媒材，並告訴他們，他們可使所選擇的任何東西或小物件，或如果他們喜歡的話，只用沙也可以。我告訴他們沙盤的底部及內邊框都是藍色，然後抓一些沙讓它們從我的手指縫隙中流瀉下來，使我自己也去感受沙的感覺。

有一些個案剛開始自我知覺很強，但這些媒材通常能帶領他們，而且許多人蠻喜歡這種脫離較理性的口語治療方式。我發現沙遊治療特別適用於那些語言表達有障礙或過度使用語言的人。

偶爾有一些來找我的人會期待以沙遊的方式工作，並且希望在第一次會談時就使用沙遊。一般來講，我認為最好要等到安全的治療關係建立後再使用比較妥當。

當個案在沙盤中工作時，我坐在個案看不到的地方看，並記錄物件擺放的順序與位置，以協助辨識我所照相片中的物件。又我也建立、套記錄的系統，它幫忙我能記得物件放入的順序，並辨識照片上不清楚的項目。

此系統是基於地圖中所使用的座標。我把沙盤的邊以每格四英呎來平均等分。長邊可分為七等份，而寬邊分為五等份。我在沙盤的四邊貼上不明顯的膠帶做記錄，而讓這些等份就呈現出來了。我想像沙盤長邊的區域是從 1 到 7，而寬邊的區域則從 A 到 E。因此，一物件放入沙盤裡，我可以以「4C 老虎」、「7E 公主」來標記。

在沙遊中的口語互動通常很少。因為談個案的作品可能會產生干擾，所以我通常會避免它。沙景完成後口語互動的多少會因情景而異。早期我發現假如我問一些問題來協助自己了解前幾盤沙景所發生的內容，個案會傾向發展一套完成沙景後自動詮釋評論的模式。而我

對某個再次出現的物件或主題所做的評論通常也會引發個案更多的評論。但彼此都知道完成的沙景本身就是一種充分表達，而且都有一股懂得了的沈默。近幾年來我更感受到在沙遊中及在沙景完成後，口語的交換愈少愈好的價值了，我學到就讓它留在非口語中運作就好了。

　　我認為讓沙景維持完整直到個案離開後再拆除對個案很重要，這樣他們才比較容易保留所做沙景的印象。剛開始我對每一盤同時拍彩色幻燈片和立可拍，等到回顧沙景時再將立可拍的照片給個案。後來我改變這個程序，我拍兩張全景的彩色幻燈片及近拍所需之處。假如個案想要照片，我再用我的幻燈片加洗給他／她。

　　早期我在使用沙遊治療時，每五到十次沙景或任何時候出現階段結束的感覺時，我和個案會一起回顧這一階段的幻燈片或照片。我們將這幾次的沙景加以聯結，然後再將沙景與個案其他方面的心理發展加以聯結。後來我發現如果儘可能延後此種沙景的共同回顧直到治療結束五年或更多年之後，將可能產生極大的價值。

　　我發現個案像治療師一樣會用自己的方式去使用沙遊的媒材。兒童傾向製做一場「電影」，而非只做一盤單一沙景，而且兒童經常同時使用乾沙和濕沙，他們常常不只做一盤。成人可能會改變一些物件的方位，但他們很少製作一場戲。然而透過幾次單元的一系列沙景卻常常是描述一個潛在的故事。有時候反覆出現的沙景，（前後）加上一點點改變，也扮演著極重要的角色。

　　有些人在開始製作沙景前心中有一個故事，它甚至可能是夢境的某個片斷。而其他人在沙景開展前對要做什麼並沒有預先的覺知，此種沙景通常比預先構想的含有更多無意識的內容。Lowenfeld 區分沙景世界中的寫實（realistic）、非寫實（non-realistic）或象徵圖像（symbolic features），自發性沒做作而進入沙景的象徵元素通常已代表對無意識的投入。

第十六章

重要的要點

▌勿催促個案做沙遊

第一位與我進行沙遊的個案讓我學到不要催促任何人去做沙遊。因為我很熱切的想讓她成為我的第一位「成人沙遊」個案，我就催著她做沙。她在沙中放入一棵樹，然後在樹上放入一隻孤獨的猴子。我問她牠在做什麼，她說：「在表演」。我懂了！

▌記　錄

早期我發現同時記錄物件的方位和在沙盤中擺放之順序很重要，因此我發展一個記錄系統讓我能持續追蹤方位和順序，細節請參見第十五章。

▌延後回顧

當年我在做自己的沙遊個人歷程時，我並非真的了解沙盤中發生了什麼。在擔任舊金山容格學會的分析師及會員超過二十年後，我去瑞士向 Dora Kalff 學沙遊治療。我帶著一個與我姐姐有關的特定問題前往。做完沙盤過程之後，我和姐姐的關係確實好轉了，但我將此歸功於其他事件。那時我真的不知道我在沙遊過程中就首次承認了自己在關係中的陰影（shadow）。當然，了解個人的陰影對處理關係問題是個很重要的部分，但之前我從未有此經驗。

十年之後，當我與 Dora 回顧我的沙遊歷程時，我清楚的看到在一

沙景中我擺了一個巫婆在看鏡中的自己。假如她先前就提醒我注意此擺設，我相信我一定會抗拒它，因而扼殺了當初萌生的新發展。我特別為此問題尋求沙遊的協助，表示當時我已準備好在非認知的層次承認我的陰影，而不是在認知層次。十年後，我看到了我所做沙遊的意義，並不需被告知。

因為這個經驗加上我對 Kathy 延後回顧的經驗，我通常偏好在沙遊歷程結束五年後再做共同回顧。我也不稱它為延後「詮釋」，因為這樣聽起來好像是我在做詮釋。其實它是一段彼此都了解那發生了什麼，一個共同領悟的時間，及一個「啊哈」（　Aha　）的經驗。那是一個非常深刻的時刻。它真的是！

勿與和個案有關的人會談

沙遊治療師的部分角色，如同任何好的治療師，是與個案慢慢發展信任關係。個案開始治療時，常抱著沒有人值得信任的錯誤信念。他們必須感受到治療師能通過「移情考驗」，而且值得信任，他們才會開放的使用沙遊素材。他們必須感受到不會被批評或懲罰，而且他們的治療會在保密的情形下進行。

因此，我認為治療師不應與任何和案主有關的人談案主，除非有時關係到個案的福祉，特別是兒童個案，或是案主本身提出要求。然而，可能的話，治療師應該在與其他人會面之前先與個案談其需要。例如兒童會要求治療者在與其父母談話的時候要談什麼或避免談什麼。再者如果可能的話讓案主也出席會談。

與父母會談，我最重要的角色是對其辛苦的親職任務中給予支持。除了嘗試強化父母的自我外，我會鼓勵他們也試著強化孩子的自我，請他們強化孩子對自己的好感，並請他們當感受到時，就向孩子表達和他／她在一起很快樂。然而並不需要刻意讚美兒童，讚美會造成受評價的感覺，而是去確認兒童對自己的好感。例如：「畫了這麼漂亮的圖畫你一定覺得很棒！」或「贏了這場比賽你一定覺得很好！」或者只需簡單地說「和你在一起真好玩！」

▍沙遊是神奇或不可思議的

　　有時候沙遊治療的力量看起來神奇且不可思議，但它不需如此。許多創傷或問題源自於兒童期的被拒絕、嚴格的管束、過度的批評及懲罰，以及／或在環境中缺乏成人的「了解」及同理。因此一種能提供自由及保護、沒有批評或懲罰，而且同理的治療方式，會促進療癒並活化個人正常的成長並不會令人感意外。

　　沙遊也允許個案在沙盤中重建過去事件。個人可以改變它們，而造成一種瓦解前創的感覺。或者個案可以具體化創傷事件，然後以穩定強化的自我來面對原來的事件，並以新的視框及理解來看待。此外，沙遊也可給予對未來的前瞻。有時曼陀羅（mandala）的製作會讓個案感受到即將來臨的：一種整體感（wholeness）。而此經驗使案主不管做這過程有多痛苦或焦慮，都會繼續往整體化的目標追尋。

第十七章

兒童和成人的沙遊

遊戲治療在一九三〇年代被認為是有效的兒童治療方式。治療師與兒童一起玩的概念在當時是一種創見，但現在已普遍被接受。兒童的沙遊治療即是遊戲治療的延伸。因為對兒童所做的沙遊是在此背景脈絡下進行，因此在做沙遊時，治療師可預期與兒童的互動會比和成人多。

因為前來接受治療的兒童大多曾受過某些傷害或在其想像或幻想中有太多理智的分析，治療師可能需要積極的協助孩童遊玩。有時候成人的情況也是如此。事實上，因為孩子比成人更接近無意識，因此對治療師而言向成人介紹遊戲在機械化世界的價值，以協助成人投入無意識可能更為重要。

但治療師與成人的互動及治療師與兒童的互動是有差別的。與兒童在一起時，治療師通常是進入「遊戲」中，做兒童建議他做的事。但和成人在一起時，治療師則安靜的、低調的給個案一個自由，安全且受保護的空間，讓個案在不受干擾之下做他們必需做之事。

第十八章

了解和詮釋

　　假如同意沙遊治療師的首要工作是提供個案自由、保護及同理，那麼治療師的第二件任務就是了解（understand）沙盤──亦即去「解讀」（read）沙景、了解一系列的沙景代表一個整體，它們可能被稱為詮譯（interpretation）。

　　在先前的章節我傾向於略視詮釋，強調同理甚於評量，欣賞甚於了解。然而許多時候能在心中了解沙遊的序列甚至只一盤沙盤中發生了什麼此種能力也相當重要。例如有時候一些不是治療師所能掌控的困難或較嚴重的病理徵兆，治療師必需做是否需要轉介給其他治療師的重要決定。或決定是否要與家人或老師面談。這些情形不只需要以最高的同理加以掌握，還必需加上了解案主到底發生了什麼。

　　另一個需要用到了解的是我在過程結束幾年後與個案重新回顧幻燈片的時刻。在與個案見面之前，我會將幻燈片完整看一遍，試圖以更詳細的方式去了解這些沙盤。但我的了解必須不會干擾到個案本身對沙盤及歷程的領悟。這種共同合作的回顧使它變得非常有力量。

　　當治療師向顧問請教個案時，了解也是非常必要的。或者在個案明確的同意下，當治療師欲在專業團體進行個案報告，或將它寫下以申請進入國際沙遊治療學會或進行出版，了解也是蠻重要的。此種較為公開的發表必須以更小心的方法做處理。我認為一個個案必須等到完成沙遊歷程好幾年後，才可公開發表，而且絕對不能在做治療時發表。還有，我們必需取得個案親筆寫的同意書。又，如果可能的話，我們最好讓個案先看我們對他們要寫的或要發表的是什麼。

　　每個沙遊治療師都必須找到自己了解沙遊的方式。對我幫助最大

的是去注意第十九章我即將談的層次、階段、順序及主題。然後在第二部分我將會談如何探測象徵意義的問題。

象徵是沙遊治療師最普遍的指引，然而它們卻很難被完全了解。象徵是動態而非靜止的。象徵代表的意義因情景而決定。沙遊中物件之象徵意義隨著擺放在不同位置及被不同物件所環繞而改變，如同變色龍的顏色隨著所處環境不同而改變一樣。Jung 曾說「象徵總是隱藏著複雜的狀態，很難用語言加以掌握，也無法以明確的方式做任何的表達」（Jung, 1969a, p.254）。他又說「象徵總是表達一些我們所不知道的事」（Jung, 1969b, p.175）。

第十九章

層次、階段、順序及主題

▌層　次

當我談到層次時，我是指個案在做沙遊時的意識層次。它們從意識之下（below consciousness）或下意識（subconscious）的層次進入較為意識層次的當下思考中。其內容包含以下：

一、過去事件和關係

(一)存於無意識的創傷

此指一些創傷事件在案主的生命中已嚴重的干擾其正常發展，但它們還不存在意識中。例如性虐待即可能造成此種創傷。此創傷可能發生在語言出現之前的階段，或因某些因素在當時無法說出來（例如施虐者加以威脅）。在沙遊中，那些無法進入意識的創傷可在無語言的表達下被描繪或重演。當它們能以此種方式在共移情的安全保護下加以分享，案主就能安心地開始與之接觸。最後記憶將更完全地進入意識中，而創傷的影響不會繼續存在不受意識控制之下。

(二)意識上能回憶起來的創傷事件

此指發生在過去但沒有被壓抑到無意識中的事件。在此我們可想到生病、目睹痛苦的事件、親人死亡、或有時令人更痛苦的寵物死亡等。這些可在意識上想起或談論的事件較容易在意識層次做口語上的再經驗以及轉化。

二、現在的事件和關係

此指正在進行中的父母經驗、子女經驗、配偶經驗、情侶經驗或朋友經驗。在製作沙盤時這些對當前關係和經驗的感覺經常能被活化。事實上如果個案心中盤據著某個特別困擾的問題,它不可避免的會進入歷程中。

三、共移情

假如治療師對個案的正向及負向移情指標以及自己對個案的感覺保持警覺,那將是很有幫助的。這會減少治療師的盲點,因此能對個案提供一個較明確的欣賞及同理。

四、原型經驗

原型經驗根源於集體無意識,可能在任何時候以害怕、狂喜、或深刻的方式浮現。它們常常是非常神奇的。這無意識的層次不是受壓抑記憶的潛藏處,而是許多深不可測之事的源頭。經驗到這些深層的無意識會將創造力釋放出來。

這些層次互相影響。現在的關係問題可能活化過去被壓抑或未被壓抑事件的記憶。移情及實際關係的感覺可能彼此混雜。而沙遊可將這些持續相互影響的複雜性同時描繪出來,而這在比較直線式的口語模式有時是難達到的。

而且,在這些層次中,朝向個體化的必然衝動一定是非常活躍的。

▌階　段

我發現想概括沙遊治療歷程的階段是很冒險的一件事,因為我知道每個人的歷程都是獨特的或者是與別人不同的。要將它們加以歸納幾乎是不可能而且是不應該的。然而,我有注意到某些階段之常出現,因此將之整理如下而希望會有所幫助:

一、開始和結束

(一)第一盤沙景──我們必需注意或做的事項

1. 尊重沙盤創作者做第一盤沙盤的感覺，那可能對他們造成一些害怕或挑戰，嘗試去感受他們的感覺。

2. 你自己覺得如何？這點也同樣重要。去了解他們的感受和你的感受可能相互連結的程度，它們經常是有關聯的。

3. 個案有沒有在沙盤中埋著或藏著東西，而後來被顯露或找出來的呢？

4. 它是否有些混亂或太過條理？這兩者都可能在下一沙盤中帶來一些平衡。

5. 有共移情嗎？個案有否批評你或你的蒐集，還是讚美它？

6. 有受滋養的跡象嗎？舉例來說，在沙景出現食物或餵食可能反映個案需要被滋養，或可能暗示個案在沙盤中有實際被滋養的經驗。

7. 是否使用水？或者如果沒有水，是否有水桶、提桶或水井之類能盛水的容器？水井通常暗示從無意識中提取內容的意願。

8. 有任何母子一體的表達嗎？

9. 如果有問題出現，個案如何處理此問題？第一盤的沙通常會指出問題的情境以及可能的解決方法。

10. 假如沙景令你感到焦慮，考慮向一位可信任的督導者做諮詢。不管我們的經驗為何，我們都能從諮詢中獲益。

(二)最後的沙盤

　　我們可能思考是什麼構成「最後的」沙盤。你怎麼知道一個歷程已完成了？這兩個問題並不相同。有時沙遊歷程被環境中與沙遊治療無關的事件中斷。有時則是沙景本身自然呈現沙遊已走到終點。例如在 Ursula 的最後沙景中出現一個代表自己的人騎著一匹馬快步越過沙

盤！

　　對於究竟是什麼構成一個完成的歷程這問題並沒有最終的定論。國際有多少的案主，就有多少種完成歷程的方式。但因為成為沙遊學會、美國沙遊治療師學會及其他沙遊治療組織之會員的基本條件之一就是能準備一個「完整個案歷程」的報告，因此是什麼構成此歷程的問題仍經常被提及。我想Estelle Weinrib的回應是我曾聽過最能幫忙此問題的回答。她說：

　　　　沒有一個人的生命成熟過程會說是達到完成的。但我們可希望的是我們的生命會持續發展，經過許多不同階段的心理發展，相當程度的完成某個階段後而進展到下一階段。因此，依這個觀點個人能在某個治療師陪伴下完成某個階段的過程，然後再繼續下一個……兩者都很有價值。無論如何，當一個特別階段獲得適當的完成，個案及治療師通常都會知道的。

　　　　（引自 Weinrib 一九八九年於美國沙遊治療師學會之研討會對此問題的回應）

二、中間階段

　　我們發現有些成人在做完第一盤後可能慢慢的或突然之間「往下」（「going down」）或退化而進入集體無意識。此時期沙盤的特色是常常有水的區域出現，並擺放許多與水相關的物件，例如貝殼和魚，較少陸地上的動物和人。完成此過程後，接著出現我們俗稱為「返回市集」（back to the marketplace）的沙景，再次使用人物、建築物、及其他代表集體意識（collective consciousness）及日常生活的物件。此返回可能伴隨著創造力。個人可能在沙中建造東西，或利用（我在沙遊室中會準備的）造型黏土或治療師擺在架上的任何物件做一些東西。

　　此種往下與返回的歷程可能發生好幾次。當然這些不同的階段並

不易清楚地畫分。再者，我要反覆的強調：「每個歷程都是獨特的。」治療師如果沒有期待它一定會出現，僅把它當成一種可能性而加以覺察會是比較好的。

其他可能在沙遊歷程中經驗的階段包括「母子一體」期。在人類的母子人物被使用之前，起初它經常以原型或動物層次的母子來出現。其他常被觀察到的一個階段是從區別男性及女性到統整兩者，有時以傳統的配對或連結（coniunctio）表示。

在這些發展之後，或同時與之交雜的沙景會導致「本我」盤（Self tray）的出現，也就是當內在寧靜的心理狀態被引出時，會導致神奇經驗的產生並會與靈性發生接觸（Kalff, 1991, p.12）。

然而，何謂「本我」盤呢？Dora Kalff在一九八七年在日本舉行的國際沙遊治療學會研討會上回答此問題，「我想在沙盤中用來表達本我的方式就像人們一樣多，但其共通點是其深度及其沈靜的神奇本質。」Dora Kalff經常強調伴隨著本我盤的神奇性。我想到Ursula的說法：「它是宇宙的」，而Ilsa的分析師看到Ilsa的本我盤後評論說：「它令我全身起雞皮疙瘩。」

本我之聚合（self-constellation）和本我之呈現（self-manifestation）有被交互使用的趨勢。有一段時間我曾試圖利用Neumann和Kalff的階段發展來區分兩者。後來我因Fordham所撰寫的「本我」（Fordham, 1969, pp.98-103）打消此念頭。無論以任何理論的視框來看，本我盤的出現對個案及治療師都是一種很重大的經驗。它釋放出能量，並常伴隨著強化的自我而這會在接下來的沙景中被看到，不如Ursula的一系列沙盤一樣。

曼陀羅（mandala）的出現經常代表本我的聚合或呈現，但不幸的是漸漸有人將曼陀羅視為就是本我盤。曼陀羅最簡單的形態是方的圓形或圓的方形。它本是佛教用以提升冥思的圖像。中心感（centering）通常也與本我盤有關，但兩者並不完全相同。本我盤可由各種形式來呈現，曼陀羅也可於各種時間出現。兩者有時會同時出現，但有時不會。

■ 順　序

　　我發現了解物件被擺放的順序是非常有助益的，特別是當我為了
與案主一起回顧或為了正式報告而做一個過程的深入準備時。舉例來
說，個案可能放一個負向的母親象徵，隨後置入正向的母親象徵，或
貧乏之後接著是被滋養的描繪，或使用代表否認恐懼的人物，之後接
著置入表達恐懼的人物。持續追蹤這些順序可協助我了解個案製作沙
景時可能的經驗。

　　沙遊治療師在觀察沙景時通常必須記錄物件擺放的次序以做順序
分析。有些治療師發現這種太理性或太智識化的記錄會干擾其與個案
之間的連結。我所使用的方位圖對我而言多多少少已變成自動化，所
以可以減少做記錄時的分心。

　　治療師當然也追蹤沙景與沙景之間的順序。因為一些物件可能被
隱藏或很難被拍下來，因此需要小心記錄物件的本身。在連續的盤與
盤之間有時可發現類似的擺放原則。但在一個沙盤的連續順序是我所
特別重視的部分。

■ 主　題

　　我發現在回顧或詮釋沙盤時，掌握住幾個重要的主題頗有幫助。
這些主題整理如下，並且列舉一些具名的個案參考研究，以便說明案
主（或案主的心靈）在這方面如何運作。

一、孕育之地

　　個案經常在其沙盤中使用某種包圍起來的物件作為成長和轉化的
庇護所。Kathy 所用的是一個綠屋。她在初期的沙盤中將綠屋的門關
起來，但到了治療後期，門就打開了。但到最後綠屋不出現了。它已
完成了它的任務。

　　Ida 在二十一盤中運用「聖池」（sacred pool）這個物件，使用方
法有些微變化。有一次她在池中做一個走到外面的出口。但她的心靈

了解這做得太早；在下次的沙盤中，她做了另一個聖池但它沒出口。到最後她終於可以與水池告別，不再做它了。

二、供給旅途所需的能量

能量有許多種形式，包括食物或水、機械能（如車子、加油站、幫浦等）、動物（原始動物代表攻擊性的能量，家畜代表控制性的能量）、遊艇及滑翔機（代表自然風／靈性能量）。

Ilsa 在第一盤中選擇花豹代表其所需的野生動物能量。額外附加的是花豹正好走出一個灶爐，一個女性的容器；女性的攻擊力量就此出現了。下一盤她提供水給從第一盤開始就出現在旅程中的小鹿喝，以此形式經驗能量。

Ursula 放一個代表她自己，但她描述「幾乎毫無希望」的人物坐在花園中。但是，她擁有一些可取用的能量，一輛代表動態陽性能量的車子停在花園外，這在未來可讓她取用。

三、能量的阻礙

在 Kathy 的某一盤中，她放了一個掛在樹上的飛機。我問她飛機在上面做什麼，Kathy 說「它被卡住了。」當時她覺得她的過程被卡住了；在她描述過這種在沙中被卡住的感覺後她就能繼續往前走了。

Ilsa在她的第一盤做了一個阻塞的河流；轉介她的分析師說Ilsa似乎在她的分析中被卡住了，Ilsa 也說她在生活中被卡住了。但在最後一盤，Ilsa 在沙盤的水道中放入一個小熊，小熊在漂流於水道的竹筏上，這水道可與沙盤中任一地方聯繫。她已不再被卡住了。

四、旅程中

案主以許多方式表現他們的旅程：在水中航行的船、通道、車子、起飛的飛機等。在第二十三章所討論到的第一位女性，在聖內（torii）上，有一長列的動物和人物在旅途中陪伴她，所以她需要用兩個沙盤。

Rhoda 在其第二盤中放入五個踏步導致一個形成圓形的一些物件；它看起來好像是引領她進入五個沙景歷程的通路。

五、被權威控制與對抗權威

Ilsa 以一個作威作福、有威脅感的繼父人物開始她的沙盤，她認為它表現一般的權威。之後她放入一個小熊來對抗他。後來她已能面對並減少了被她稱為男性「惡魔」的威力，她說他只是虛張聲勢而已。

六、處理憤怒

當 Kathy 在沙盤中表達出對我的憤怒，或在討論她的家人而表達憤怒時，接著她每次都會做一盤所有的動物都被關起來的沙景。Kathy 很怕面對她累積多年的憤怒。她的主要任務之一就是去發現她可以控制它，不需要如此害怕它。將動物關起來可協助她經驗此種控制感。

有一次我在與 Emmy 的會談中遲到了，她很清楚的在那天的沙盤表達對我的憤怒。但即使到後來我們回顧沙景時，她很難想起當時她有憤怒。事實上，讓憤怒在無意識地進入沙盤仍有其功效。在這不久之後，她在同一盤中發現了寶藏。Amy 的經驗與她類似，先是在某一盤中經驗憤怒，後來在接下來的沙盤中經驗到力量。

Debbie 剛開始時否認因得到癌症而憤怒及害怕。後來她終於能在她的第三盤中經驗到這些情緒；此經驗釋放許多能量，使她能對死亡做一些準備。

七、陽性（masculine）及陰性（feminine）的發展

連續幾盤後可能有一段時間個案會經驗到需要更深入的建立其性別認同或更清楚的辨識個人內在的相反性向。

Ursula 做了一個幾乎都是貝殼的沙盤，貝殼是傳統女性的象徵。Jim 將一個很有力量的公猩猩放在山頂上，勇敢的面對許多爬上來對其產生威脅的動物。Debbie 則將陽性及陰性的物件分置兩邊以區別陽性和陰性。

八、對立之整合

　　沙盤提供許多連結兩邊或連結某個沙景中對立部分的機會。後來案主可能有能力統整對立的兩邊，同時將轉化的功能帶入歷程中。

　　Kathy 專注於區隔好與壞，壞的歸於男性，好的歸於女性。在較早期的沙盤中她將所有的壞男孩全部安排在一間教室，所有的好女孩則放在另一間。後來的沙盤她將兼具有好與壞的男孩及女孩混在一起。最後她放了一座橋在沙盤的中央，那裡有許多對立的物件出現，她稱此為「一個給每個人的城市」。

　　Rhoda 在其第二盤中指明黑色的鯨魚是她全壞的父親，淺色的鯨魚則是她全好的母親。此全好全壞截然二分的問題已影響到她的成年生活。在後來的沙盤中她以黑白相間的企鵝物件來結合或整合對立的兩極。

　　Debbie剛開始認為女性比男性差，她憎恨男性的優秀。她為死亡做準備的任務之一就是與此觀念妥協並轉化它。在後來沙盤中之一盤，她在無意識中放置了代表平等的男嬰與女嬰比鄰而坐，而高昇的太陽正在他們的上方。

九、獲得寶藏

　　Rhoda 的寶藏是受其長期忽略的靈性感覺。在她第一盤中通往此寶藏的路受到阻礙，但有一條可行的路在這障礙物之旁。到了最後一盤她終於尋獲以前一直無法取得的靈性寶藏。

　　Ilsa 在第一盤將許多像珠寶般的彩色玻璃珠灑在沙上，期待著在無意識中能尋得寶藏。在第四盤中她找到了寶藏就是一堆金幣。Emmy體驗過憤怒後，一個裝著錢幣和水晶的藏寶箱就出現了。

　　有些例子能提供如何聚焦於個案可能的主題或關鍵點的判斷。我並不刻意去尋找它們，但當它們出現在沙盤中時，我會安心的知道一個過程真的是在進行了。

第二部分

象徵研究

第二十章

象徵研究入門

　　不論是在族裔的演化抑或是在個體的生理發展上，圖像（IMAGE）總是先於語文（WORD）產生，接著為了能遠距離地溝通而發展出口語文，最後文字的誕生使得溝通不僅能跨越空間也能跨越時間。沙遊治療的非語言技術主要是仰賴圖像而非語文，它帶領案主回到發展的早期，也就是以視覺圖像為主導而非以口語文理解的時期。

　　坊間關於解說視覺圖像意義的書籍繁多，不論是購買或是到圖書館借閱均可，但是我想最佳的理解方式就是自行製作個人專屬的「圖書」。Dora Kalff 一直鼓勵治療師們要知悉自己所蒐集的所有物件具有哪些象徵意義，為了回應她的教誨，我將書籍、研討會講義、同儕討論的資料等製作成一份個人的象徵清單。每當我看見不同的治療師對物件有不同的使用方式時，這份清單的內容便與時俱增，這也引領我在象徵的研究上更為精進。

　　在我說明象徵研究時所舉的範例中，包含了一篇關於烏龜的文章以及三篇關於使用較頻繁的沙遊物件，這些物件是橋樑、聖門（torii）以及太陽和月亮；此外我也收入了兩篇介紹較為通俗象徵概念的文章，有助於各位了解系列沙盤的重要之處，其中一篇是關於赫斯提雅（Hestia）與雅典娜（Athena）的文章，另一篇則是關於 Neumann 和 Kalff 所提出的兒童發展階段的文章。

　　過去因為我已多次在容格學派與沙遊治療的群眾中講述烏龜的主題，所以大家極容易將我和烏龜聯想在一起，以至於多年來我不斷地收到別人寄送給我的烏龜物件與相關剪報，因而每當我要再談這個主題時都得增加些新的內容。在這篇文章中我將演說中所使用有關烏龜

的生理特性與神話的圖片轉換成文字說明，但是仍保留最重要的沙盤圖片。

有關橋樑與聖門的章節則是因為它們在沙盤中的高使用率而引發我的注意，我很好奇是否當我對這些物件更為了解以後，將能幫助我理解案主是如何地在沙盤中使用它們；至於太陽和月亮的那一篇短文則是受到 Hayao Kawai 博士對太陽女神與月亮所作的研究激發而成（Kawai, 1992）。

Hestia 和 Athena 的章節並非在於討論特定的沙盤物件，而是在於討論女性的兩種面向，這是我在從事分析工作時才知悉的主題。當我在實務工作中針對女性的兩種面向做研究時，以「家庭主婦組」與「職業婦女組」作為區分，我發現此二種面向通常會呈現在女性案主的沙盤中。

第二十六章則是關於如何使用 Eric Neumann 與 Dora Kalff 的理論，去解析在不同發展階段的兒童所作的第一盤沙盤及其後續沙盤的意義。

第二十一章

烏龜與過渡物件

　　我於一九八七年對所有的案主們宣布，一年後我將退休不再從事分析治療的工作，那一年中我的每一位個案都得各自以自己的方式來調適，以面對我日漸逼近的退休日期，或者，可稱之為「日漸逼近的拋棄」。一位女性案主問我：「你怎麼可以退休？會發生什麼事呢？」我回答道：「我不知道，我以前也沒退休過，我們只好靜觀其變了。」另一位女性案主在我退休日期的九個月前就終止治療，她說寧可是她先離開我，也不是我離開她。而我也發現其實我自己也得調適失落的感受，要結束並離開我在分析工作中這些如此特別的關係，我很難過。

　　在思索這些時，我才明瞭其實當我們離開襁褓時期的搖籃以後，經過兒童期以至於進入成年階段的過程中，我們都經歷過被拋棄的時刻。這些經驗似乎具有累積性，每當一個新的經驗發生時就引發過去舊經驗的記憶。當我們的治療師去度假了、生病了或者是要退休了，不論在理性上我們多麼能夠理解這些事情，我們還是感覺被拋棄了。

　　但是這些被拋棄的感受也帶出我們內在的其他感覺，就是逐漸強壯的感覺。在歲月中我們也累積了不同的調適方法，我們變得更堅強。我在案主們的身上看見不同形式的調適方法，像是壓抑、否認、補償、表達憤怒、啟動支持系統、尋找個人內在的支持力量或是找尋個人的內在引導等。

　　然後我對於為什麼當我的退休日期越來越近時，烏龜會重複出現在許多沙盤中的現象感到不解。有不少女性案主在她們的沙盤中擺進烏龜，特別像是一群烏龜或是產卵的烏龜，這是在我要退休的那一年的年底前出現在她們的沙盤中的景象。是否烏龜和我要離開，和她們

要適應失落有所關聯呢？為了要了解這是怎麼一回事，我開始了烏龜搜密之旅。

▌景　象

　　這六位在她們的最終盤沙景中放入烏龜的女性，其年齡約為將近四十至五十多歲不等，接受我的治療都至少一年以上。這幾位女性案主並沒有嚴重的心理病理問題，大多數在治療結束前也做了二十盤以上的沙盤。

　　第一盤是由一位已經做過許多次沙盤但是未曾使用過烏龜的女性案主所作（見第一盤圖：安全的烏龜環），她做這一盤沙盤的時間大約是在我宣布要退休的半年後。在她的沙景中，一隻陶瓷製的烏龜與一隻母烏龜和三隻小烏龜在沙盤的中央位置，另有一群烏龜以半圓形的方式環繞它們，一共有十六隻烏龜。在圍成半圓形的烏龜外圍是另一個由八匹馬所組成的半圓形，然後在它們之上是女蛇神，俯瞰所有的這一切。

　　除了母烏龜與小烏龜以外，這一盤沙景中尚有許多影射到生產的景象，像是在右上角鳥巢中的小鳥、左上角的懷孕婦人以及左下角正在孵蛋的母雞。這一位女性案主將這一盤沙盤命名為「安全環」，她說：「我曾擔心了一下子，但是現在我們有安全環了」。在她接下來的六盤沙盤中，有五盤都用到了烏龜。

　　下一位女性案主的最終盤沙景是慶生（見第二盤圖：慶祝神龜的誕生），沙盤中央是一隻破殼而出的幼龜，兩位女樂手在一旁伴樂，在她們的後方有兩棵開滿花的樹——這是植物界的生產；而在右下角的部分有一群烏龜正密切地觀看這件事。

　　這一盤沙盤也有女性的注目，在右上角有一群女性的原型人物正注視著，她們是伊特魯理亞女神（Etruscan goddess）——或稱蓋亞女神（Lisa de Goia）、希臘女蛇神、慈悲的東方女神——觀音，以及「智慧的老婦人」。在女神下方有兩位平民婦人轉身觀看著這場誕生。長頸鹿、豬、野兔、臭鼬鼠在中間右邊的位置，甚至左下角的三隻鳥以

及在蜿蜒河流中的天鵝似乎都見證並慶祝著這件事，整幅景象給人的印象為，這是一場在女神、婦人與動物隨侍下的神聖誕生。

在剛孵化的幼龜旁有一個矇住眼睛的小男孩，或許做這一盤沙盤的案主擁有一個年輕的阿尼瑪斯（譯註：animus，女性內在的男性原型），願意接受「什麼也沒看見」，對於這場發生在身旁的神聖事件，他並不需要有意識去觀看，他只要向內觀看自己就能明瞭。

另一位女性案主在她的最終盤沙景中以烏龜做了兩個圓圈（見第三盤圖：烏龜環繞著女神），一邊一個。在每一個圓圈的正中央都有一顆蛋，右邊圓圈中央是破殼而出的幼龜，正是前一位女性案主所使用過的；在這些圓圈周圍的四個角落各有一棵開花的樹，而正上方則是一棵盛開的樹。

圍繞圓圈的烏龜們均朝向女神的方向，似乎它們正要來到此聖地膜拜她，女神是伊特魯理亞女神或是女祭司蓋亞，這也在前一位女性案主的沙盤中使用過，據說她是職司宣達新事物誕生的女祭司。

下一盤是另一幅有圓圈與朝聖主題的沙景，一群烏龜朝向神祇爬去（見第四盤圖：烏龜們向神祇爬行而去）。這一次位於沙盤中央的神祇是福祿壽神（Fukurokuju），是日本的七大福神之一，他是一位哲人，為人類施行各樣善事，他以富有智慧稱著並在日本頗受尊崇。

這一盤沙盤是在我要退休的十年前所作，所以當我想起這一盤沙盤時，我原本認為這一群烏龜的出現應該是與分離或失落無關，但是當我翻閱當時的紀錄想要知道做這一盤沙盤的女性案主是處於何種情形時，我才發現這是一個所謂的「終結」（final）沙盤，在這一次之後這位案主就從每週一次的治療改為一個月一次。

在下一盤沙盤中焦點依舊是一隻在池塘或湖邊沙地上破殼而出的小烏龜（見第五盤圖：要去見黑人聖母的破殼小烏龜），在烏龜旁邊有四散的碎蛋殼，強調破殼誕生的情境。這隻小烏龜朝向一條小路，被一個黑色小男嬰引領著，這條小路通過恐龍並延伸到樹林中的房子，房子的屋頂上站立著一位黑色聖母，她懷抱中的小嬰孩是基督。

最後一盤是一位在與我的治療中做過多次沙盤的女性案主所做的

最後一盤沙景（見第六盤圖：烏龜找尋珠寶的旅程）。一隻陶瓷製的烏龜後面跟著一隻銅製的烏龜，兩隻小烏龜在小路上，小路環繞著被水包圍著的山丘。山頂上凹陷有如鳥巢，但它盛滿的是珠寶而不是蛋。

在瀏覽過這六位女性的烏龜沙盤後，我們可以注意到幾個重疊的主題：

烏龜群：第一、二、三、四及第六盤。

誕生：第一、二、三與第五盤。

朝聖之旅：第三、四、五與第六盤。

神聖的特質（numinous quality）：每一盤均有。

而且在每一盤中均有代表神聖或是本我的物件：

第一盤：俯瞰沙盤的女蛇神。

第二盤：一群目睹神聖誕生的女神。

第三盤：在沙盤中央的蓋亞女神。

第四盤：位於山上的東方男性神祇。

第五盤：黑色聖母與聖嬰。

第六盤：本我的寶石。

在第一盤沙盤與最後一盤沙盤中均出現相同的陶瓷製烏龜，這一隻烏龜可是有來歷的。多年前我有一個案主是一位陶藝家，她做了這隻烏龜放在她的工作室中，後來把它送給了我。十三年後到了我即將退休時，我和她一起回顧她所做過的沙盤，並且感謝她送了這一個物件給我，那時她才告訴我為何她會對烏龜產生興趣。她在一九七五年間碰巧閱讀到一篇有關烏龜的報導，是一隻烏龜救了一位婦女的新聞。我聽了以後極感有趣，詢問她是否尚保留著當時的那一篇新聞報導，於是她從當時的札記資料中找出了那一篇文章：

　　五十二歲的船難生還者 Candelaria Villanueva 被英勇的海龜所救。根據海軍的報導，她在渡輪沈沒後被一隻海龜馱伏著在海中兩天左右。當她被救難人員從海水中拉起來時，據報導指出那一隻海龜還繞著救難船游了兩圈，想要確定一切都安全無虞。

後來我在明尼阿波利斯（Minneapolis）對一群人說出這一篇報導時，有一個人問我是否讀了當天的當地報紙，因為十分巧合地，那一天正巧有一篇新聞報導是關於在菲律賓有一群人被海龜所救的新聞。1989 年 5 月 2 日的 Star Tribune 這樣寫著：

> 菲律賓馬尼拉報導：有五位在猛烈的暴風雨中發生船難的人士被一隻巨大的海龜所救，大海龜拖著五位虛弱疲乏的海難生還者直到他們重獲安全。轉述自一位生還者所敘述的情節，這五位生還者待在克難的船筏上在海上漂流了三天，直到他們看見這一隻海龜以後，他們將自己的船筏綁在海龜的一隻腳上，讓海龜拖著他們游了約有兩小時，直到他們被漁船救起為止。

所以，我對烏龜的第一項發現就是烏龜會救人，烏龜會拯救即將溺斃的人類。然後我想到我的案主們，他們可能在我即將退休的時候感覺到自己仿佛迷失在汪洋大海中，然後他們發現在烏龜這個再好不夠的圖像能帶領他們安抵岸邊。

▍烏龜的生理特性

在我展開對烏龜的搜密時，我對它們實在是一無所知，我僅知道烏龜是一個陰陽同體的象徵，象徵著對立兩極的結合——Dora Kalff 這樣說過許多次。烏龜結合了天（圓頂狀的殼）與地（四方形的底部）；它結合了陽性（伸出來的頭）與陰性（圓型的容器）；我也想到容格曾說過在夢中烏龜可視為是本我的形象。

我也知道它們很長壽，有許多烏龜都活到上百年，中國人相信烏龜可以活得更久，甚至可以活到二、三千年；我知道烏龜在地球上已經存在很久，不過到底它們存在多久是直到我讀到坎伯（Joseph Campbell）的書才清楚（Campbell, 1983, pp.18-19）。在坎伯的圖表中顯示烏龜在地球上的存在可溯及二億二千萬年前，比起恐龍的出現還要早約一億年，所以它們必定是一種適應力極佳的物種。想想看它們要經

過多少種的災難，像是冰河期、旱災、水災、陸地版塊遷移、地表的出現與消失等。所以我想我的案主們在他們的沙盤中使用烏龜，某一部分是要再次確認自己是有調適能力，他們可以適應變動並且能夠存活下來。

依據生物學家的研究，自從烏龜在地球存在以來其型態幾乎沒有什麼改變，它們的長相自古以來都差不多。或許這也多少說明了為什麼在這些最終沙盤中所呈現出來的神聖氛圍。烏龜本身就帶有原型（archetype）的特質，因為原型本身就是古老且歷時不變的，烏龜就是如此。

那烏龜存活的秘訣何在呢？生物學家認為應該歸功於烏龜特殊的殼，稱它為「陸地動物有史以來最了不起的盔甲」（Bustard, 1973, p. 14）。在危險時刻烏龜只要縮進殼中就能獲得保護。當我們害怕的時候若能有這樣有效的防禦系統就好了。我認為治療師不應該在案主感到身處危機的時刻去挑戰他們的防衛，要緊的是在於將危險移除，不管這危險是真實存在抑或只是案主的感覺而已。

在研究海龜以後，我對於它們的生命循環就有了更多的了解，我發現海龜從未見過母親，母海龜在小海龜尚未誕生以前就拋棄它們。小海龜也從未見過它們的父親。根據Jack Rudloe所著有關海龜一生的書籍顯示，甚至科學家們有很長一段時間都不確定是否有公海龜的存在，因為從未在陸地上發現過公海龜，所以也不知道交配是如何進行的。最後他們終於發現確實有公海龜，公海龜在水中或深遠的海內爬到母海龜的背上進行交配（Rudloe, 1979）。

交配過後母海龜會回到它自己小時所被孵化的海灘，或者更精確地說，是回到它在蛋小時最初被產下的地點，而不管它後來是在哪裡被孵化的。有時科學家們為了要保護瀕臨絕種的海龜，因而將產在鄰近大城市海灘上的海龜卵自原本的巢穴中移走，換到其他的地方孵化，但是母海龜還是會回到它在是蛋時原本被產下的海灘而非它後來被孵化的地點。似乎原始的巢穴地點不知怎地就銘印在它們身上，它們在冥冥中被導引至生命的起始地，這是如何辦到的迄今仍是個不解

的謎（Rudloe, 1979, pp.222-223）。

　　母海龜在受孕以後回到岸上，在潮水所不能及的地點挖一個深坑，把卵產在坑中並將沙子鋪蓋在上面，並且將表面弄得平整，似乎是要消滅巢穴的蹤跡。在接下來的幾天或幾週內母海龜會重返同一地點二、三次，一次受孕可產下總數高達四百顆左右的卵，最後當它離去後至少要再過好幾年才會再回來（Rudloe, 1979, pp.72ff）。

　　我開始注意到我的案主在我即將退休之際的處境與海龜的一生有一些相似之處，我的案主也曾有一段時期身處於似安全空間（*temenos*）般的巢穴中──也就是治療性的環境裡，直到我要退休──就像是母海龜要回到深不可測的大海中，丟下它們自行孵化並且過著再也沒有我協助的人生。

　　經過大約八週以後（視其種類而定）海龜開始孵出，但是第一隻破殼的幼龜會等到其他的也都準備好時才會孵出。曾有一位自然學家在海龜卵窩的底部放入鏡子以觀察真實的孵化情形（Carr, 1967, p.78），他看見第一隻破殼而出的幼龜會靜止不動，直到其他的幼龜也都破殼而出以後，然後位於最上方的幼龜們開始抓穿頂層，在旁邊的幼龜則攀鑿穴壁，位於底層的幼龜則將上方不斷落下的沙子往下壓緊，並且在偶爾倦怠之時藉由不停的活動刺激其他幼龜繼續工作，整個過程既無父母的照料，也沒有教導或是護衛。正如Carr所描述的一般：「這一群力求生存的小傢伙並沒有受過訓練也沒有教練指導，它們不過就是一群動個不停（但倒是同心協力）的小海龜，一起慢慢地爬上地面」（Carr, 1967, p.79）。

　　巢穴的位置遠離潮水所能及的地點，以免被潮水破壞了，但現在小海龜們得爬上一段路程才能到達水中，有時這段路還挺遠的。科學家們發現小海龜們具有向光的本能，在一項實驗中科學家在夜間舉著一盞燈光靠近剛孵出的幼龜，結果它們就如同飛蛾撲火般地受到光線的吸引（Watson, 1992, p.24）。在天性上幼龜們是藉由夜間月光反射在水面上的光線引導它們到達海裡，在月圓之夜盈滿的月光下效果更佳。

第一盤

第二盤

第三盤

第四盤

第五盤

第六盤

第七盤

第八盤

第九盤

第十盤

第十一盤

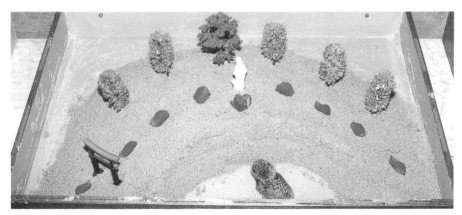

第十二盤

第十三盤

第十四盤

第十五盤

第十六盤

第十七盤

第十八盤

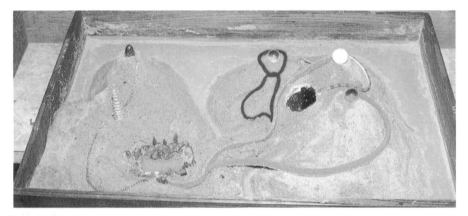

第十九盤

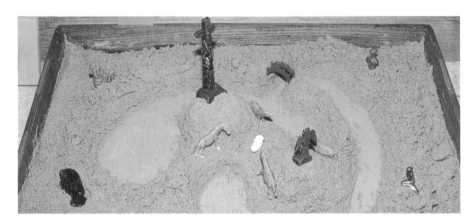

第二十盤

第二十一盤

第二十二盤

第二十三盤

第二十四盤

當我對這一項發現更加思索時，我才明瞭月光其實是源自於太陽光線在月球上的反射，所以這些被父母拋棄的小海龜運用來自天上雙親（太陽與月亮）的光線來引導它們。而我的案主們也可能在他們的最終沙盤中找到與原型父母（archetypal parents）相通的方法，這些神祇與女神們自古至今皆與我們同在，且能引領我們前方的路程。

當這些剛孵出的小海龜們安全地回到海中以後將會如何迄今仍是科學上的奧秘（Carr, 1967, p.94），有時這被稱之為「消失的年代」（the lost year）。沒有人知道這些小海龜往哪裡去。它們的影蹤無處可覓，直到數年後它們成熟到可以交配產卵時，母海龜會回到原本的海灘再一次展開相同的循環。迴游的路程可能距離好幾千英里。在Carr的報告中指出曾有一隻海龜在一九六四年八月被做上記號，然後在一九六五年的十月再次被捉到，此時距離它初次被捕捉的地點有一千四百英里之遠（Carr, 1967, p.36）。Rudloe又寫到有一隻在哥斯大黎加裝上衛星傳導器的海龜，直到訊號消失前共游行了二千七百英里（Rudloe, 1994, p.118）。

因此在天性上只有當繁衍的季節來到時才會見到一大群海龜聚集在一起。一大群受孕的母海龜回到特定的海灘產卵，然後揚長而去；一大群從蛋中孵化出的小海龜奮力地回到海中，然後就不再發現海龜群的影蹤，一直到兩、三年後母海龜再度受孕又回到海邊產卵為止，它們的旅程是相當孤獨的。所以很自然地在我的案主們的最終沙盤中不免出現群聚的烏龜、拋棄以及誕生的景象。

▎神話中的烏龜

除了生物學的說法，我繼續研究不同文化中對於烏龜的觀點。我發現最早與烏龜有關的文化之一便是占卜。早在中國的商朝（大約西元前十二世紀）便使用烏龜作為占卜聖物（Allan, 1991, pp.112-123）。占卜者將龜殼以火加熱然後澆水在上面以使其產生裂紋，然後詮釋紋路並在殼上寫下求問的問題。或許我的案主們在他們的最終沙盤中使用烏龜就略具這種意圖，他們對於會有什麼事情要發生在他們身上感

到不解卻也想要知道。

在考古學以及神話學上有關烏龜是支撐者的形象也相當豐富。有許多文化均描繪著在烏龜的背上馱負著各式生物；比如在中國佛教的雕塑中，烏龜的殼上就背負著蛇、青蛙、龍、甚至是建築物。

> 據說原本北京天壇的樑木基座就是活的陸龜，因為咸信此一生物能在缺乏食物與空氣的環境下存活三千年以上，而它們具有神奇的能力能使木頭不會朽爛。　（Williams, 1976, p.405）

在某些文化中相信地球是由烏龜整個支撐住的，例如在印度教中認為大地是由四隻大象所支撐著，而大象又是站立在烏龜的背上（Kenton, 1928, pp.41-42）。另外在加州巴亞地區（Baja, California）的西里族印地安人（Seri Indians）所流傳的故事則是一隻海龜的背殼上馱著土壤由深海中浮出，然後又陸續載著植物與動物，最後則是從海中深處將西里族人帶上水面，所以對該族的人而言海龜是神聖之物。在某些節慶中，他們會捕捉一隻烏龜，置於海灘上一些時候，再予以儀式化的扼殺。據說該族的婦女會到海龜面前將自己的秘密與問題告訴它，然後就感到自己獲得了幫助（Roudloe, 1979, p.201）。

在依若闊族（Iroquois）的創造神話中也有類似情節：一位婦女被她盛怒的丈夫由天堂上的洞口推下，下方水中的生物見此婦女墜落便急速地由海底下聚集一些土壤，然後一隻海龜浮上水面，鳥兒們便將土壤置於海龜的背上，於是海龜的背殼變成一大片堅固的土地，鳥兒再將落下的婦人安全地送到那土地上（von Franz, 1972, p.31）。

其他的神話中提到烏龜如何協助神祇完成創造大地的工作，例如在某個印地安民族神話中，神鬼們共同攪拌牛奶海直到變成奶油，再做成陸地。他們在攪拌時所使用的棒子就是宇宙樞軸（axis mundi），其底部正坐落於一隻烏龜上，在烏龜的上方就是宇宙樞軸，而樞軸的頂端就是毗濕奴神（Vishnu）（O□Flaherty, 1975, pp.273-280）。

在烏龜寬廣的背部上也載負過其他神祇。在阿茲特克人（Aztec）

的宗教中有一幅圖像是一名女神在烏龜的背上蹲下生產；或者烏龜本身就能生下神祇，印度神明毗濕奴的圖像有時是祂從烏龜的口中誕生（Cavendish, 1983, p.1921）。在此我想烏龜與生產是有些關聯的。

有時烏龜支撐著整個宇宙。我所找到最早的例子就是在西元前十二世紀巴比倫時期的界碑（Kudurru），在界碑的最頂層是太陽神，再來是巴比倫神，守護世界四方的守護神以及未知的戰神，在地底下則是女神，最後在深不見底的大海中存著四元素的象徵，以及一隻游動的小烏龜支撐著整座宇宙大山（Campbell, 1974, pp.88-89）。

在容格有關煉金術的著作中有一張印度教三相神（Trimurti）的圖片，是印度教靜觀冥思的神聖象徵（Jung, 1953, p.147）。同樣地有一隻烏龜出現於圖片的底部，支撐著在它之上的所有一切。容格將這一隻烏龜詮釋為原始的混亂，也就是煉金中的**大混亂**。在烏龜的背上有從眼睛冒著火的骷顱頭，此乃轉化的導管。從這個眼睛冒火的骷顱頭中長出一朵蓮花，此為東方的聖花，也是本我的象徵。

在檢視了這些文化上的因素後，我才明瞭這些在其沙盤中使用烏龜的女性案主們乃是在接觸一個與其被拋棄經驗有關的圖像，但卻也是一個帶有內在支持力量且與新生命誕生有關的圖像。我的離去不僅只是一個結束，更是某種新生，是一個新的開始。正如容格所寫道：「唯獨在完全被棄絕與孤寂的境地中，我們才能經驗到來自自我本性的莫大協助力量」（Jung, 1969a: p.342）。

當我在數年後與這幾位案主再度一起共同回顧她們的沙盤幻燈片時，也確實發現她們均在其人生中有了重大的進展。有一位取得博士學位、有幾位發表了一些文章、有一位正在寫一本書，看起來似乎我的退休也激發了她們自己的力量，所以她們才能勇往直前並很有成果。我也想起在退休前，我有時拋下工作而去休長假。當我返回工作崗位時，我的案主們均會迫不及待地要告訴我，我不在的時候他們有了哪些成就。

或許我們在此所討論的一切正像是Winnicott所稱的「過渡物件」

（transitional object）。如果嬰孩體驗過夠好的母親（good enough mother），他學習到如何以一個具撫慰性的物品來調適母親的缺席，不管母親是否在身邊，每當他需要的時候就可以使用，最後嬰孩將此一物品內化後便不再需要一個外在的實體了。並不是僅有這個物品本身能給予嬰孩支持與撫慰，或許與物品無關，而是當嬰孩在該物品出現及擁有它時所體驗到的才是具有撫慰的力量（Winnicott, 1977）。

　　我在一九八九年開始研究烏龜，但是一直到五年後我才想起在我自己生命中具有重要意義的烏龜。那是一個烏龜枕頭，當我搬離家裡到東岸居住時一直放在床上的枕頭。這隻烏龜的上方是紅色，而其底部是黃色，然後我想起這是我母親在我第一次獨立生活那一年的聖誕節送給我的禮物。所以我也如同我的案主們一樣，以一隻烏龜的圖像作為我離家時的過渡物件！

　　海龜最為科學家們所不解的奧秘之一，即它們是如何在深海中潛游。它們是如何在深達八百多英尺（甚至更深）的海洋中潛游數千英里，找到路線回到自己最初被產下的海灘？在各種理論中，科學家們推測海龜們可能是運用地球的磁場作為引導。

　　不過在哥斯大黎加與尼加拉瓜等地較為古老的原住民族群中有另一種說法。他們認為是龜靈的力量，是母龜岩在引導著它們。Rudloe在一九六〇年代末期或是七〇年代初期到哥斯大黎加，他發現老一代的土著堅稱他們確實在海龜灘的火山頂上見過母龜岩，並且說每當海龜回這個海灘的時節來臨時，母龜岩就會旋轉一百八十度向著陸地；當海龜返回大海的時候來臨時，母龜岩會再旋轉一百八十度面向著大海（Rudloe, 1979, pp.255-265）。

　　沒有人真的親眼見過岩石轉向，但是他們對此說法卻深信不疑。在尼加拉瓜再也見不到這一塊岩石是因為它受不了絡繹不斷上山的人群，所以它就自己移動到哥斯大黎加了。在哥斯大黎加見不到這一塊岩石是因為它也受不了不斷上山的人潮，所以藏在山洞裡了。Rudloe並沒有真的見到母龜岩，但是當他提出質疑時，土著們一致地堅稱到

現今仍有母龜岩在引導海龜。他們說：「你要是看到這些海龜們都同一時間回來，又都在同一時間離開以後，怎麼可能還會有其他答案？」當然 Rudloe 也只能回答「不知道」！

另外一位科學家則在一九七五年研究瓜地馬拉具有三千年歷史的印第安慶典遺址時，他所使用的羅盤曾在一瞬間跳動，指向一座形似烏龜頭部的岩石。經過進一步探究後他發現所有的磁場均指向岩石突起狀似烏龜鼻尖的地方，後來他發現此一鼻尖處是由天然磁石所構成（Rudloe, 1979, p.263）。

Rudloe 在他的書中後記寫道，當科學家發現此塊岩石的那一年正巧是有史以來海龜上岸產卵數最少的一年。世界各地的生物學家均預測海龜的數量將難以回復，不過在下一年海龜卻是到處出現。幾近二千五百隻的海龜爬上五英里長的海灘，據說就是有母龜岩會轉向引領海龜返回與離去那一座火山下的海灘（Rudloe, 1979, p.268）。

Rudloe 在眾人期盼下寫下《尋找大母龜》一書，他在結尾中寫道：「我轉身要回家了……或許這是我第一次相信了大母龜」（Rudloe, 1995, p.271）。

那些在其最後一盤沙景中置入烏龜的案主們乃是在召喚能帶來力量的影像，它是我們內在的堅石，可以支撐任何重擔──不論有多麼重都沒問題；它同時也是我們內在的導引之靈，與我們一同踏上我們的旅程，不管路途有多麼遙遠與黑漆，終能引領我們返家。

第二十二章

橋樑與超越功能

在容格的理論中有關超越功能（transcendent function）的概念使我們明白了沙遊治療過程所具有的轉化功能，並凸顯使用橋樑的重要性，橋樑在沙盤中是一個既特別又重要的物件。容格在他說明超越功能的主要文章中描述心靈是如何與內心的分裂交戰並超越它們，這些分裂通常是無法化解的兩極對立，例如本能與靈魂、愛與恐懼、依賴與獨立等。超越功能可以將紛擾不休的兩極對立予以調解，並以和解的象徵予以連結，這樣的體驗在意識上就像是在原本分裂的自我狀態中出現了超越此狀態的新態度，當態度為之改變以後，我們的行為於是便能以自然且穩定的方式產生有效的改變（Jung, 1969b, pp.67-91）。

容格註明他所指稱的「超越」一詞並非意指形而上學的特質，而僅在指出其具有催化某一態度使其轉變為另一種態度的功能。後來容格說到衝突並不一定被化解，而是被超越。新的態度能超越舊的態度所引發的衝突，但新的態度亦可能引發意識與潛意識之間的新對立，而這新的衝突就需要再一次透過超越功能予以克服。

依據容格的論點，要讓超越功能發揮作用時首重要有活躍的潛意識，以及能夠接受潛意識活動的自我（ego）。他提到使用畫圖與可捏塑媒材的價值，並強調所作的成品是否做得正確，以及是否有滿意的美觀並非重點，而是在於能讓幻想自由地運行，使這成品能含有意識與潛意識的影響。他說這個過程包含了「潛意識層面的奮力趨向光亮，以及意識層面的奮力趨向實質」（Jung, 1969b, p.83）。

沙遊治療就像是那些可捏塑的媒材一樣，應避免以認知解決問題。案主透過他們的手（而非以語言）將其心中的幻想化為具體，正

如容格所言：「通常絞盡腦汁也一無所獲的問題，我們的手卻知道要如何解開謎底」（Jung, 1969b, p.86）。

沙遊治療給予超越功能一個自然與自動出現的特別機會。治療師的角色就在於辨識此一現象並予以尊重。沙遊治療以下列三種方式激勵超越功能之運作：

　　1. 沙盤是潛意識與意識集體合作下的產物。

　　2. 沙遊能助長「同時性時刻」（synchronistic moment）。

　　3. 沙遊能促使對立的兩極呈現，使兩者對質並予以聯合。

潛意識與意識的合作

我的一位男性案主（姑且稱他為 Sam）所作的連續兩盤沙景，就能清楚看見潛意識與意識是如何通力合作。Sam 在他的第一盤沙景中放入一隻恐龍（圖22.1），他將之視為自己內在不好的、邪惡的部分；祭司（Sam 是天教徒）則代表他內在的裁判；大砲對準恐龍則是他內在欲除去邪惡部分的自己。在 Sam 的第二盤沙景中（圖22.2），第二隻恐龍在類似的位置出現，原本位於最上方的祭司則變成國王，暗示著本我已經聚集；大砲換成貓頭鷹。Sam 評述道：「我猜貓頭鷹應該是我內在想要處理邪惡（恐龍）的有智慧的部分」。美人魚則是新的

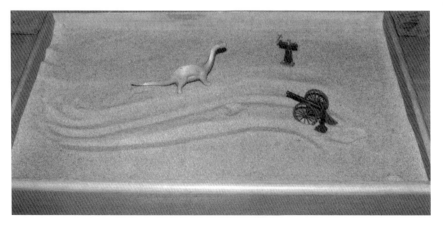

圖 22.1

圖 22.2

物件，Sam 補充道：「我被女海妖（譯註：Siren mermaid，在神話中以優美的歌聲引誘水手，使無數的水手情不自禁地跳入海裡而溺斃的女妖）給迷住了。」

　　Sam 在做了第一盤沙盤之後的幾個月後就結束治療，他的生活一直過得很好直到他被同辦公室的女同事迷住了。他再回來接受治療，他很快就做了第二盤沙盤。在沙盤的中央位置是一隻魅惑人的美人魚，也就是阿尼瑪（譯註：anima，男性內在的女性原型），暗示著在他目前的心理世界中的重心角色。

　　但是這兩盤沙景的重要之處乃在於它們之間相隔了十年！Sam 已經完全不記得自己所做過的第一盤沙景，而我也完全不記得此事，直到我要為第二盤沙景做記錄並拍照時才發現。所以在我和Sam皆無記憶的情形下，沙盤中的恐龍被潛意識地保存下來，並接續地在第二盤沙盤中出現類似的型式，於此呈現了沙遊確實是在潛意識與意識通力合作之下的產物。

同時性時刻

1975 年 Kalff 在舊金山的一次公開演說中將「同時性時刻」（synchronistic moment）定義如下：

> 案主在沙盤中所呈現出的潛意識被治療師同時刻地辨識出來，當這人的潛意識與另一人的意識之間有所連結時，在這同時性的當下就是案主被痊癒的時刻。

在一個如此深刻分享內在狀態的時刻中，治療師實無須多發贅言。Kalff 在她所寫的沙遊書籍中提到她僅僅是將其手臂放在她的小案主 Marina 的肩頭上，以此表明她的理解；在另一次治療 Marina 的過程中，Kalff 問及在沙盤的樹林中的那一位男士在做什麼，Marina 回答道：「他要把亮光帶到黑森林裡」，Kalff 寫到：「我知道她的心靈已經邁上療癒之路，我為此深受感動」（Kalff, 1980, p.130）。Kalff 不僅只是頭腦理解，更是以真心去欣賞，這種心智與情感的結合是沙遊治療中同時性時刻的關鍵特質。

對立兩極的對質與結合

沙遊提供一個讓對立能同時呈現甚至結合的實體空間。沙盤的左右兩邊、近遠兩側（圖片中的上下方）以及兩個對角均提供對立的位置讓物件能以兩極衝突的方式放置其中。

在這兩極對立之間所放置的物品有時能將其加以連結，我們就稱其為兩極的橋樑。它可能是以一座橋樑代表，也可能是以較不具象的方式呈現，例如是以一條小徑、河流，甚至是以某個物件在這一端望著另一端的另一個物件的方式表現，任何在動力上能表現出意欲連結兩端者均屬之。

在沙盤中當橋樑被使用於連結對立的兩方時，就是容格所謂「超越功能」的具體表現。沙盤中的橋樑不僅暗示著案主在心靈上可能欲

圖 22.3

將對立之物加以連結，事實上在那一刻就確實將兩方連結起來了。

　　由三位男士所作的三組連續沙盤中就示範了此一過程，他們的第一盤均出現橋樑將沙盤兩邊連結起來，而在其下一盤中均出現一個明確的中心感（centering）在沙盤中央。

　　在 Hal 的第一盤沙盤中（圖 22.3）一條河流將沙盤一分為二，河流源自於正中央上方的一棵樹，樹上有兩條碩大的蟲，河流延伸至左下角的位置，尾端是三片荷葉。在被河流一分為二的左邊沙盤中，一雙手臂自沙中伸出，Hal 說道：「這一雙手就像是被我埋在潛意識中的陰性面——阿尼瑪斯。」在河流的右邊有一匹藍色的馬以及一隻公猩猩，Hal 以一張梯子作為跨越河流的橋樑，他接著補充道：「我需要一個小一點的東西慢慢爬過去」，於是他在「橋」上放了一個裸體的小男孩。

　　在這一個沙盤中，一個在橋（梯子）上爬行的小男孩將左邊深埋的陰性面與右邊的陽性精神（藍色的馬）及身體力量（猩猩）連結起來；樹上的蟲可能危及到新生，但它們也可能是蝴蝶或蛾的幼蟲，象

圖 22.4

徵著轉化的能量，它會如何轉變仍有待觀察。

　　Hal 的第二盤（圖 22.4）沙盤正中央是一個水池，沙盤環繞著此一重心發展，他將顏料滴入水中使其變成藍色。在水池下方是一個土罐，此為陰性的象徵。土罐中裝了水與兩塊土耳其玉，放置在橋樑的一端（此為上一盤使用過的梯子），另一端則放著一個花俏的動物頭顱以維持平衡。水池的左上方則是一隻大猩猩手握著一隻蠍子，Hal說：「大猩猩代表我明顯的攻擊性，蠍子則是未知的隱藏力量。」

　　這一盤沙盤中多次出現水的代表——水池、水罐、水象星座（蠍子），這些均暗示著 Hal 現在已經與潛意識有更多的連結；在水池右上方的數棵小樹意指新的成長。第二盤沙盤為我們呈現了在第一盤中將對立兩方連結之後所產生的中心感，特別是圍繞著水池所布置出的祥和樣貌。

　　在Carl的第一盤沙盤中也出現將沙盤一分為二的河流（圖22.5），沙盤的左上方是一個著黑袍的祭司，周圍半圍繞著象徵靈性或是宗教能量的物件：結果實的樹、兩堆營火、一束玫瑰以及一個吹著笛子的

圖 22.5

小男孩。在河流的右側是男男女女在農場上幹活，代表著與前者對立的屬世生活。在左方中央位置一座橋樑橫跨河流，一位婦人帶著嬰孩正要過橋，而另一個婦人提著水罐剛下了橋，嬰孩與提水均是傳統上屬於女性做的事情。現在回想起來，我認為這兩位過橋的女性就仿佛是女性要將左側的靈性世界與右側的世俗世界連結起來。左下方由四匹白馬所拉著的紅色馬車暗示著一場旅程，但是它被水隔絕著，不管是聖或俗的世界均無橋樑可與其相通。

　　在 Carl 所置入的最後幾件物件中，放在左下角的是一個持槍的愛斯基摩人，Carl 調整了幾次它的姿勢，我問他是否槍口對準任何東西，他說目標是在橋的那一頭；然後似乎是為了要削減這股破壞性的衝動，他放了一個牧羊人來保護動物，也在右下角的位置放了一座保護人類的房子。最後他在馬車上放了一個骷顱頭，但又隨即將它移走，或許他對於必先要有死亡才能帶來新生仍感到猶豫不決吧。

　　Carl 的第二盤沙盤（圖 22.6）也和 Hal 的第二盤一樣，焦點均是沙盤中央的水池，而且在這水池中也和 Sam 的第二盤沙盤一樣有一隻

圖 22.6

美人魚，阿尼瑪再一次地成為重心。沙盤正中央下方的一個大貝殼乃在強調陰性面的存在。在本次沙盤中世俗世界則以運動員為代表，位於最右方，而靈性世界則以位於上方的廟宇及希臘神祇為代表。吹笛人通常都和感覺聯想在一起，本盤再度出現且位於左邊正中央，Carl說：「我最認同的就是他。」

　　此一沙盤中再度出現橋樑，但是橋樑左邊的區域僅有一項物件，就是一個女性軀幹，一個愛斯基摩人舉著長矛對準她。雖然在此沙盤中仍對陰性面存有矛盾的反應，但是在第一盤中Carl所經歷到的聖俗世界的連結已經帶出以陰性面為重心的主題，並以水池中的美人魚及貝殼作為代表。

　　Jim 在第一盤沙盤中的兩極對立較不明顯（圖 22.7）。在乾涸的水渠上橫跨著一座橋樑，其左側的物件如下：一隻海象、一棵枯乾的樹木、幾片木頭、石頭與珊瑚等。在橋樑右側的物件如下：兩口井、一隻狗在房子前面、一棵綠意盎然的樹以及在水渠中喝水的牛。所以橋樑將左側有水但是植物枯乾（枯乾的樹與木頭）的區域和右側隱含地底有水（水井、園藝造景水池以及水渠）的陸地區域連結起來，每一邊均表現出乾與濕的混合，乾燥貧瘠與滋生潤澤兼具。乾枯的樹木

圖 22.7

圖 22.8

表示缺乏天上（父親）的雨水，在右側的水源指出地下水（母親）的
存在。案主的父親在幾週前剛過世，而母親仍健在。

　　Jim 的第二盤沙盤（圖 22.8）也和前兩位男士的第二盤沙盤一樣
出現具中心感的主題，但本次圍繞在中央的是山丘而非位於中心的水

池。在山丘頂端是一隻孔武有力的大猩猩，有許多動物「要上山來和這個傢伙一較長短」，在山丘的右下方有水，能在三種空間（陸地、水中和空中）生存的水鳥都過來喝水。在此陽性價值（肢體力量與攻擊性）與陰性價值（提供養育）被加以區隔，但也彼此密切地相互連結。

過了幾週後 Jim 再來接受治療時，他告訴我他自己已能和女性性交，這是他的第一次性經驗，對方是他已經交往幾個月的女友。在幾個月之內 Jim 長期以來對我的依賴已經大幅減少，而後也能順利地轉介給另一位男性治療師。

以上三位男士均在其第一盤沙盤中以橋樑來連結呈現於沙盤中的兩極對立，然後在其第二盤沙盤中顯示出超越功能運作的證據——出現中心感（centering），而也在此次中三位男士均親身經歷到新能量活化的威力，體驗到一個全新的整體感（wholeness）。

第二十三章

聖門與轉化

　　多年前我初次到日本時，我所購買的第一件沙遊物件就是聖門（torii，又稱鳥居），即日本神社的大門。二十年後我再度造訪京都時就打算再多購買幾個，但是一開始找得並不順利。沒有一個商店老闆聽得懂我的發音，最後有一位老闆看起來很高興的樣子，我想我這下子找對地方了。只見老闆的手不斷地在牆邊比劃，要告訴我他有多少這種東西，但是我所見到的卻是一堆小鳥的商品，於是我不斷地搖頭，但是一點用也沒有。直到我那當藝術家的丈夫把聖門的樣子畫出來以後，店老闆看懂了，並指引我們到另外一家確實有在販售我所想要的聖門的商店。

　　這一次我才注意到在日文中「鳥」的寫法是「tori」，只有一個 i 在字尾；而神社的門──「聖門」（鳥居）這個字「torii」在字尾有兩個 i，這兩個字之間的發音差別極細微。後來我又學到在日文中字尾的兩個 ii 意思為棲木，所以「聖門」──torii 這一個字的意思實際上就是鳥的棲木。

　　在《我們日本人》（Miyanoshita, 1964）這一本書中說到聖門這個名詞的神秘淵源。日本的太陽女神「天照大御神」有一位十分鹵莽頑劣的兄弟，後來他讓女神討厭到，甚至將自己藏在洞穴中不想再見到他，而且還以岩石堵住洞口。但因為她是太陽女神，如此一來世界就陷入無盡的黑暗中，八百萬諸神在驚慌失措中聚集起來討論要以何策略引誘她出洞。最後他們想出一個法子，就是讓公雞每天早晨在洞口啼叫，他們以兩根直立的桿子再架上一根橫木在其上端，做成一個讓公雞棲息的棲木。當黎明時分到了，公雞的啼叫聲引發女神的好奇而

探頭出來觀看，此時大力王子擒住她並將她拉出洞外，因此世界再度重見光明（Miyanoshita, 1964, p.200）。

這個由兩根直桿與一根橫樑所搭造，讓公雞啼叫時可以站立於其上的架子就因著這樣神奇的事件被保留下來，後來這鳥棲又逐漸演變成神社的大門。由聖門之下經過則被視為具有由黑暗走向光明之意，如同黎明時分的意義一樣。

根據歷史記載，在早期神道宗教的祭典儀式中會宰殺公雞，並將其屍體懸掛在立於兩根直桿上的橫樑（Cram, 1966, pp.94-95），後來雖然廢棄了宰殺的儀式，但是懸掛祭祀用公雞的架子還是保存了下來，並且成為神聖的象徵。在日本通常可以在通往聖地的入口處，像是神龕或廟宇的入口看見它。

在沙盤中使用聖門時通常與重複性的轉化主題或與圖像有所關聯。聖門的放置可能意味著：

1. 在展開旅程前所必須要有的準備。
2. 阻礙著旅程的物件或障礙物。
3. 意識與潛意識之間的界限；運行的路線可能是由意識到潛意識，或是由潛意識到意識，有雙重可能性。
4. 「通過」的體驗，而當橋樑與聖門擺在一起時，這體驗似被延伸。
5. 通過此門以後所體驗到生命能量的釋放。

做這一盤沙景（圖 23.1）的女案主想要排列一長隊的遊行隊伍，長到必須使用兩個沙盤，主要的事件是發生在左邊沙盤中的景象。她解釋圖中是一個阿拉伯騎兵想要到河的另一端探險新領土並想將部分領土據為己有，到達對岸的唯一方式就是要過橋並且通過聖門；但是她指出因為橋樑過窄，有一些人難以通過因而不得不落後了，另外因為聖門很矮，所以有許多人不得不拋棄自己的行囊才得以進入新領土。似乎這一位案主感覺到若是她想要探索潛意識這未知之地，某方面她得要願意犧牲，得捨棄過往她所持有的某些想法與態度才行。

圖 23.1

　　經過數個月的分析以及幾盤沙盤後，這位案主做了最後一盤沙盤，這一次聖門與橋樑還是放在一起（圖 23.2）。她說左上角（在第一盤中是新領土的位置）的土著戰士對她而言代表著原始，而右邊與中央位置則是比較傳統的；右下角的龍可以預防土著戰士們在經過聖

圖 23.2

門而進入中央位置時逃走。或許她在探索潛意識時發現了一些內在原
始的部分，這原本的未知之地現在已準備好要與她較為傳統的那一面
整合在一起了。

在另外兩位也使用聖門的男性案主之沙盤中，同樣的一隻龍也出
現在其中。這兩位案主的主訴問題都在於難以與女性建立關係，而他
們以聖門表示自己已經部分開始接觸到陰性面的部分了。

做圖 23.3 這一盤沙盤的男性案主與母親的關係極差，他與母親之
間的問題一直延伸到其成年後與所有女性之間的關係，也使得他找不
到老婆，他覺得自己就是不能信任女人。

這一盤中的重點在於右邊，有一個聖門緊臨著沙盤的邊緣，一條
小徑由此向上延伸到上方，順著這條小路就一定會碰到龍，在龍上方
的小徑通往沙盤上方一個圍起來的區域，這位案主說這代表著他小時
候曾被一位黑人女性照顧過一段歲月的地方，當時他覺得自己被保護
也很滿足。他甚至把小木屋的屋頂掀起來，在屋子裡放進一個蘋果，
以此表示他所記得的滋養；他還在房子旁邊放了一尊象徵慈悲的觀音
像。所以在此聖門原本的功能為一個路徑的起始點，此路徑是通往他
童年記憶中具有母性安全感的地方。

圖 23.3

圖 23.4

　　當他再度體驗到安全與滿足感時，他說他可以冒險回顧自己的發源地，也就是聖門後方的黑色圖騰；所以聖門在此也有一個功能就是代表通往其先祖的大門，讓他與集體（或稱為宇宙）潛意識連結在一起。

　　兩位在跳舞的黑色土著正在慶祝一場婚姻，事實上他在不久後也真的結婚了，因為他遇到了一位感覺合適的女性，結了婚也生了兩個小孩。

　　第二位男性案主所放入的第一個物件就是位於中央的聖門與龍（圖 23.4），他將那隻龍視為自己，這隻龍從左上方的智慧之源開展了一段旅程，而且也過了橋，現在他得通過大門並且通過可怕的人物後才能到達女孩身邊。看起來好像這位案主在接觸到他的陰性面之前（穿紅衣的小女孩）得要先處理自己的負面部分（這由那位可怕的人像作為表現）。他覺得國王（也就是背對著我們的小人型）是要來幫助他的。我們可以將這一位提供協助的國王視為他心靈中的中心部分，也就是那掌管與監督的本我（the overseeing Self）。

圖 23.5

　　接下來兩盤沙盤是由一位正處於其人生抉擇之際的女性案主所作
的第一盤與最後一盤。她不知道自己該做何選擇。兩年來她接受另一
位分析師的治療，但是對方並不提供沙遊療法，所以她來找我的目的
就是為了要做沙遊治療。

　　當她在做第一盤時（圖 23.5），她說在橋上的人是一個卑微乞憐
的人，既害怕又顫抖，她走向一個被蛇和四座瞭望台圈守著的聖地─
─這位案主似乎極為認同這位驚懼害怕但是又想要進入內在聖地的
人。要進入聖地得要通過兩座橋以及一道門，在後方有個幽然浮現的
人物掌控著這一切，這個場景可能描繪出她主動要與另一位治療師進
行新的治療，而在她眼中這位治療師是掌控一切的人。

　　下一幅是她的最後一盤沙景（圖 23.6），她說在聖門後方的小女
孩就是她自己，她要通過這道門去看看下面有些什麼，她說在聖門下
方的每一道山脊代表著她生活中不同的可能性：享樂的、屬靈的、居
家的以及專業的各種可能性。

圖 23.6

　　在這一連接續的沙盤中其自我形象已獲得轉化，她由一位感覺焦慮的人變成一位勝任的人。在第一盤中她準備要通過聖門並順從地進入沙遊的過程，且將所有的控制權交給治療師，也就是沙盤中占有極大分量的人物；而在最後一盤沙盤中，在通過聖門的同時她將控制權重新攬回，並思考到其生活中的選擇。當她將生活做了劃分，就如同她所作的四道山脊，她對該如何做出必要的選擇就有了充足的準備。

　　做下一盤沙景（圖 23.7：被評判）的案主我稱呼她為 Ursula，她向來無法讚美自己，也無法接受他人對她的讚美。她似乎無法應付其內在喜好評判的部分。在她的這一次沙盤中，評判的部分由一位擋在聖門入口處的阿茲特克神祇所代表，而她自己就由一個位於左方中央位置，雙手環抱胸前看似順從的小人型所代表。她受到這位阿茲特克神以及旁邊一排人物的評論，惟有在她右側的女神是支持她的。

　　在 Ursula 的下一盤沙盤中（圖 23.8：解脫），通過聖門的路徑已經沒有障礙了，那個被她視為自己的小人型正準備要通過這道門。在路途中有兩位守護神保護著她。在聖門上方有一座準備好的寺廟在等著她。現在就要看她內心是否已準備好要通過了。

圖 23.7

圖 23.8

　　與聖門有關的最後一盤沙景（見第十二盤圖）是由一位女性案主
在其沙遊治療過程的末期所作。聖門的下方有一條以玫瑰花瓣鋪成的
小路通往並過聖門。小路順著拱型路線，形成一道橋。在橋下水中的
位置有一隻像鴨子的鳥禽。在橋的上方是一位女神。她並不是憤怒的
太陽女神 Amaterasu，而是東方的慈悲女神觀世音菩薩。

第二十四章

太陽與月亮

　　在我們收藏小物件的沙遊治療的架子上，所有具有象徵意義的物件中，太陽與月亮應該是最廣為大家所體驗的物件。自古以來且不管位於地球的何處，太陽以及它所反射於月球上的光線不斷地成為所有生物的外在刺激，但是我們內心如何理解這些物件以及它具有何種意義則因文化不同而有所差異。Kawai 教授在他的文章中提到這些不同之處，在他的著作《日本神話學中的太陽與月亮》中（Kawai, 1992），提到容格將太陽視為是男性的意識面，以及女性的潛意識面，「這是呼應潛意識中的對立兩性——男性的阿尼瑪與女性的阿尼瑪斯」（Jung, 1963, p.135）。

　　在我自己於沙遊治療的經驗中，一般而言太陽被使用的次數比月亮還要頻繁，女性使兩者同時出現的次數比男性多。在做沙遊時，我的個案若使用了月亮就一定也會用到太陽。根據 Kawai 的文章，在日本的詩句卻有些相反卻也類似的情形；當太陽出現時，月亮會相隨。

　　當女性案主同時使用太陽與月亮時，此兩者總是存在著某種關係。有時它們呈現於沙盤的相對位置，似乎是彼此對立的，或許這具象地表現出存在於兩極之間對立的或不同性質的張力；有時它們也彼此距離甚近，或許代表著意識與潛意識、男性與女性、光明與黑暗、日與夜、熱與冷等對立兩極的結合。

　　當我研究沙盤中有關太陽與月亮的圖片時，我注意到通常使用到太陽的場景也伴隨有新生命的圖像在其中，特別像是小嬰孩或是雞蛋之類的。再進一步了解時，我發覺在我購置了太陽與月亮之物件後找我做沙遊治療的五十五位女性案主裡，其中有十五位不只在一盤中放

入太陽，而十五位中有十三位除了太陽以外，更同時放入了小嬰孩或是雞蛋的物件。在總數為二十八盤的沙盤中出現過太陽，而其中的十八盤，或者說三分之二也包含了小嬰孩與雞蛋在其中。

　　但我也想或許這和平常的沙盤比較起來並算不上是極為了不起的比例，或許這一群女性案主平日在她們的沙盤中就比其他人更常使用小嬰孩與雞蛋也說不定。為了將此疑點釐清，我在這同一群女性案主的其他沙盤中隨機抽樣了另外的二十八盤，其中只有三分之一有放入小嬰孩或雞蛋。使用太陽的沙盤中其呈現新生命主題的比例加倍，但當我想到這一點，我想或許也就不值得大驚小怪，因為太陽就是所有生命的終極根源。

　　有一位女性案主在她第一次使用太陽時也同時放置了三個小嬰孩在沙盤中，第二次使用太陽時則放了兩個小嬰孩，有一天當她進來時說：「我想我是懷孕了！」她隨後取下太陽放入沙盤中，但是並未再放入小嬰孩。我後來得知她確實是懷孕了，我不禁想，當她身體內懷有一個真實的小嬰孩時，是否也就去除了在第三盤太陽景象中置入一個外在小嬰孩的需要呢。

　　在這一群使用太陽的案主中另有一位名叫 Debbie，她是肺癌末期的病患，在她面對死亡的過程中她來作沙遊治療。在她使用太陽的兩次沙盤中也有小嬰孩，這不禁讓我想到這與「死亡並非結束，而是進入一個新的開始」的觀點是一致的。

　　這些評述是建立在為數不多的案主身上，但是它也指明了我對於透過沙遊來學習心理以及了解心靈的興趣，我在此處所提出的問題遠多於我所能解答的。答案應該會來自專注於個人的歷程以及來自於群體的比較中。或許其他治療師們的興趣能藉此獲得激發，也能加入自己的觀察及評論。我認為當我們累積越多有關研究沙遊治療的經驗後，我們就能對提升人類心靈更深層的認識有所助益。

第二十五章

Hestia 與 Athena

　　一百多年前在易卜生的劇作《玩偶之家》中，娜拉為所有的女性提出呼籲，當她的丈夫訓誡她：「你最重要的身分就是母親與妻子」，娜拉回答道：「我已不再相信這話，我所相信的是，我重要的身分就是做一個人，和你一樣重要的人。」

　　我一直對於身為女人就是人此一女性心理學的主題深感興趣。我很感謝容格協助女性脫離長期以來被編派的次等地位，我也想要透過容格心理學的架構更為了解女性，藉由真實女性的體驗，包括我自己、我的同事以及我的個案們的經歷來了解，所以我開始對一群我當時所接觸的女性案主展開研究。

　　有兩位女性治療師與我大約在同時期均發出想要聚在一起談談自己的呼聲，我們三人都認為彼此的交流是至為重要之事，在那時刻中我們均能卸下專業上以及家庭上的責任，僅聚焦於分享自己的內在狀態。雖然我們並無意將我們的聚會刻意保密，但是當舊金山容格學院負責安排公開演講的主席邀請我們三人一起針對女性心理做一場演說時，我們還是有一種「被揭穿」了的感覺。發表演說的想法與我們原本相聚的情緒完全相反，原先我們一直都處於一種專注於內在的狀態而非外在取向，但是一旦要對他人表達我們的想法就得先改變我們的心理狀態。我們就需要組織自己的想法，要考慮到聽眾的期待，要尊重專業上的責任，要生產，而這是我們過去一直在努力擺脫的要求。雖然一開始覺得不情願，但是這一個邀請也在我們心中激起一些迴響，它引動我們內在想要將這一些經驗加以概念化的部分，所以在那一年的年終，我們三位就一同出席了這場座談會。

在後來的沈思裡我逐漸明白我們原先的私人聚會是我自己屬於較為聯繫性（relating）的部分，或稱為感性（eros）的部分，而出席座談會則屬於成就性，或稱為理性（logos）的部分。聯繫性的部分通常被視為較女性化，關切他人，關切所有生命的部分，這部分享受於一種不具競爭性的創造。對許多女性而言這個部分則與需要時間與空間能獨處有關，讓自己單純地存在著（just being）。但有些時候聯繫性的部分可能會有不舒服的想要依賴他人的感覺，我記得一位年輕女性將其描述為這是她的「小狗狗的感覺」（puppy-dog feeling）。

成就性的部分為我們的聚會賦予挑戰且得完成艱鉅任務，它想要屠殺一兩隻妖龍、想完成英雄的壯舉、想要數算成就——不只在家庭內更是在外面整個世界。成就性的負向層面則可能干擾到關係，其全心一意衝刺的特質可能會將他人摺到一旁，這一部分可以視為是阿尼瑪斯或是陽性特質的部分。但可惜的是對許多女性而言「阿尼瑪斯」一詞幾乎僅具負面的意涵，它與有時伴隨成就慾望而來驅迫力（pushiness）變為相等的字眼。

當女性能以較正向的觀點來評價自己的成就面時，有一些人的體驗是感覺自己某部分的想法、感覺、行為或想像更為新奇富有創意，激發出得意洋洋的感覺。在女性的內在此一成就性或是理性的部分似乎更加分化（differentiated），匯聚出反映「女性力量」（woman strength）的新面向，這與「男性力量」（man strength）並不相同但也非相互對立。

▌女性案主

我發現在此一時期來找我進行分析治療的女性案主們似乎在其人生中到達一個生活尚屬順遂，但卻感到有不滿足的狀態。她們感到不對勁，覺得內在有一個部分是被忽略掉了，是沒有被重視也從未存活過。這些案主們有的是一直企盼著結婚生子，當個家庭主婦，但是當她們的這些願望都滿足之後，卻發現自己並未如原先想像中那般快樂。她們在想：「就只有這樣嗎？」但有另一群女性獲得事業成就卻

感到困頓，這些職業婦女們通常既沒時間、沒力氣，更沒意願去體驗一份真正的關係。她們雖獲取更高等的學歷但它並無法真的助益於發展個人築巢的本能（nest-building instincts）。

之前五年期間裡我治療了三十一位女性案主，除一位以外其他都可歸類於這兩大相異的類別中。一組是由十八位已婚的女性所組成，其中十六位已育有子女，所有都接受過至少一年的大學教育，而只有一位曾有過工作經驗；另一組則是由十二位未婚女性所組成，她們均具有護士、社工、心理或是醫學的碩士學位，且在其專業上十分活躍。

兩組女性的年齡分別介於二十至五十五歲之間（可說是屬於人生的前半段時期），教育程度佳。根據 Gray-Wheelwright 的容格類型調查表（Gray-Wheelwright et al., 1964）之分類，「家庭組」的女性們主要屬於內向情感直覺型，而「職業組」的女性們則主要為外向思維直覺型；「家庭組」的女性多數屬於長女，比較會延續家庭傳統（Stewart, 1992），而「職業組」女性多數屬於老么，比較不受傳統的束縛。

■ 潛藏的原型意象

起初我以「管家婆」和「女戰士」此種較為心理性的描述方式來指稱這兩組女性，而非僅稱其為「家庭組」或是「職業組」女性，但是當我讀到 Elined Kotschnig（1968-1969）的文章「神話及生活中的女性」時，我訝異於希臘女神 Hestia（赫斯提雅）與 Athena（雅典娜）竟然能如此人性地表現出女性的此兩種面向（且參閱 Bolen, 1984, pp. 75-155）。Kotschnig 提到 Hestia 與 Athena 二人均為處女神，本身即是完美無暇，而不是男性的另一半而已。她們之所以完整乃是因為她們不斷地整合自己身內的各個部分，不似其他女性在一開始均先將自己的各個部分投射於他人，後來才撤回自己的投射將其歸納於自身（Kotschnig, 1968-1969）。

希臘文中「hestia」的意思是爐火，在古希臘時代當某位家族成員要離家到外面建立家庭時，就會從父母家中的爐火上取一把火帶走，以此象徵薪火相傳。爐火很早就被賦予神聖的特質，後來更藉由神祇

而賦予人性特質。Hestia 女神就是以不參與戰事著稱，且對任何向她求告的人均給予保護，她創造了造屋的藝術，代表著人身的安全以及殷勤好客的神聖責任。到了羅馬諸神時期，Hestia 成了 Vesta，即女灶神，是一理想母性的象徵。在羅馬的女灶神殿代表著羅馬人的家庭或是爐火永不熄滅。一年一次的慶典中允許各家庭的母親們進入聖殿以示尊崇，其儀式極為簡單，僅以水與火進行，並無宰殺獻祭的儀式。

Athena 則與火無關，而是與潤澤有關。原本 Athena 是主管暴風雨及閃電的女神，她的屬性乃是「盾牌」，是由一塊神奇的山羊皮製成的盾牌，她另有一別稱為「智慧女神」，後來被尊崇為女戰神與暴風雨女神。她所崇尚的戰事並非嗜血好戰而是存有目的而戰。她擁護公義，保護冒險犯難的英雄；她同時也是藝術與和平之女神，她亦是建築、雕塑與紡織工藝等的保護神，她發明了拉坯機並因為她所具有的神奇醫治能力所以被命名為「健康」（Hygiea）。因為她所具有的智慧而名列為主神之一，其象徵物是貓頭鷹。

根據傳說，Athena 是由宙斯的頭部誕生且出生時全副武裝，Robert Graves 認為此一故事反映出「堅持智慧為男性專屬之獨斷觀點」（Graves, 1957, p.46），某些現代女性或許會在聽到女性智性上的成就必定是源自於阿尼瑪斯──其陽性的面向而非陰性面向的此一說法時，也會發現二者之間的相似性。

雖然 Hestia 與 Athena 在許多方面均代表相反的原型，但是她們皆提供保護與創意。Hestia 發明了提供避難之處所，也就是房屋；Athena 發明了拉坯機能製造各式物品；Hestia 對任何前來尋求保護之人均予以接納並提供協助，Athena 則保護那些出外到世界各處出生入死的人。

▌集體的情境

這兩類女性案主們之所以在此一時期前來接受治療，乃是因為面臨家庭與職業之間的衝突、或者是懷疑自己與人相處的能力、或者是懷疑自己的成就能力。若我們考慮到過去幾十年來對女性角色期待的轉變，這些問題實在不令人訝異。

　　以我自己為例，我是在一九三○年代經濟大蕭條時期結婚，當時的生育率是創紀錄的低。我在一九四○年代初期，也就是二次大戰時期獲得博士學位，當時有許多女性取代男性的就業；到了一九四○年代末期時，我有五份兼職工作忙得不可開交；然後一九五○年代來臨時，就是著名的嬰兒潮，女性被告知其安身立命之處乃是家庭（我卻很少待在那兒），我去接受分析就是為了要適應這所有的一切。到了一九六○年代女性解放運動當道，女性被教導要拒絕家庭主婦的角色也拒絕在經濟上依賴男性；從一九七○年代迄今為止，普遍性的訊息則是女性需要在家中扮演母親／妻子的角色，但同時也在世人面前當個職業女性。

　　大部分參與這研究的兩組女性案主均是在一九三○至一九四○年代間成長，然後在一九六○年代末期或是一九七○年代初期接受治療。對女性期待的轉變如同對我一樣，也深深影響她們。家庭組女性來治療時所表達的是希望自己不僅只是「管家」而已，更想要做些什麼；而職業組的女性則通常希望有丈夫與小孩。所以雙方均期望獲得對方所擁有的，但並非彼此交換，而是累加上去。

　　兩類女性共通的抱怨則是不想要變得像自己的母親一樣，因為母親在其眼中是能力不足、好批評且不願付出。但是當我聽了她們對自己母親的描述以後，我對她們母親的印象並不糟，我認為這些母親和她們的女兒一樣，都在為自己的自尊掙扎。

　　過往在父權文化之下的女性一向認為自己不如男性，也接受自己的次級地位，直到最近才改觀，而女性的覺醒幫助其後續的每一代女性在自尊的階梯上更往上攀高了一級，女兒們得要與母親不同才能將自己帶上階梯的另一級。

　　Esther Menaker 認為年輕女性不願意認同母親的這種叛逆正可證明她們自我（ego）追求自主的強度。她也相信她們還有更深層的更潛意識的叛逆存在著，在對抗著母親那低落的自我形象、自我仇恨的內射。這場自尊與自主的掙扎需要在心理上將自己與母親隔開，因母親會不自覺地詆毀自己與女兒（Menaker, 1974）。

　　Neumann 觀察到女兒比兒子更容易受到母親負面自我評價的影響。他相信這是因為女兒與同性的母親之間的認同更為接近。所以女性自覺不如人的感受會傳承下去（Neumann, 1959）。然而現今女性是生存在一個重要的歷史時刻，在這時刻，那代代傳承下來女人自覺不如人的束縛被打破了。

　　這兩類女性先姑且不論其差異，都共同具有低自尊與缺乏內在重心的問題，Hestia 型的女性會因為沒有更多自我表現而感到有罪惡感，Athena 型的女性則因為沒有結婚生子而有罪惡感；這兩類女性均注意到自己極度地忽略自己，有家庭的女性傾向於為丈夫、孩子而忘了自己且不斷地犧牲，有職業的女性則將專業職責視為比自己的身心健康更重要，這兩類女性都必須學習為自己付出，讓自己找到由外界重重要求中喘息的安憩之處。

▌她們的分析治療

　　許多女性案主是因為內在感到無比空洞而前來治療。有一位 Hestia 型的案主一邊談話時就一邊捏陶土人，最後發現那陶土人的肚子部位有一個大洞；另一位 Athena 型的案主談到她其內心有一個極為深沈、空虛的窟窿；有幾位說到她們強迫式地大吃特吃是與她們想要填滿內在空虛引發的猛烈飢渴慾有關，這些空虛的感覺似乎和 Spencer 所談的「隱形人現象」有關；而她發現此現象只存在於女性，不存在於男性（Spencer, 1977）。一位 Athena 型的案主這樣表達：「當我開始覺得憂鬱、空虛的，就好像我什麼都不是，也沒有人看得到我。」

　　兩類型的女性均希望治療師能幫助她們找到內在的價值感，一種自尊的內在感受。有一位女性案主說：「我想要找到我的內在核心」；另一位女性案主則提到「一種內在的流動」；另有一位說：「人的核心和其他部位是不同的，它就像是單細胞生物的細胞核，包含一切的精髓，一旦它有了生命你就會感覺到，而成長也就開始了。」

　　我一開始極為訝異於一棵樹對這些女性案主們具有象徵性的重要性，當時我在辦公室窗台上的花槽中種了一棵菩提樹。許多女性案主

對於這一棵樹的狀況顯得特別關心：「水澆得夠多嗎？」「光線夠嗎？」「太多陽光了？」我記得一位女性案主每一次走進我的辦公室時，總要先仔細檢視那一棵樹之後才告訴我她的感覺如何。有一次在她正經歷極為艱難的處境時，她還帶了肥料來餵養那棵樹！

兩類女性案主中均有一位畫樹。Hestia 型的女性案主第一次畫的樹簡直就是枯枝一根；兩年過後第二次畫樹，她畫了枝葉繁茂的樹叢。Athena 型的那位女性案主第一幅畫是一棵有四根樹枝的樹，但是樹根很不穩；她畫的最後一棵樹，在同一天傍晚所畫，有許多樹枝且樹根穩固並綠意盎然。

另一位屬於 Hestia 型的女性案主不斷地夢到她疏於照顧的花園。她對於沒把花園照料好感到極為愧疚；後來她夢見一個長滿了綠樹的花園，樹尖長滿了綠果。她心想樹長得這麼高不知道是否搆得到，但是她又很高興這些樹可以存活下來。

她們當中有人寫了一篇有關大紅衫木的故事。這棵樹目標堅定，不斷地向上長大、長大，直入給予生命的光明中，而樹根則是盲目地向下找尋水分與土壤中的養分——正如我們向上獲取意識的光明，而向下由潛意識獲取滋養。

所有的女案主在治療中都提到「單純存在」（just being）的需要，也找到不同的體驗方式。在兩組中均有一些女性案主針對增進自己身體的覺察做處理，去上一些舞蹈、瑜珈或是太極的課程；有一些人則定期地去作按摩；有一些人則是花一些時間在家中或花園中坐著。我一直很欣賞 Jane Wheelwright 的觀點，她認為每一位女性在家中都需要有一些獨處的時間，如此她才能繼續不斷地「聒聒叫」。我記得有一位女性案主表示喜歡懷孕的感覺，因為她不需要做任何事情就能有所創造，她只是當自己。所以在一開始這兩類女性案主所存在的不平衡及不滿足的情形，已被內在那一股靜默成長的重心覺察取代了。

沙景中的差異

研究過這兩組女性的沙盤後，我對她們的印象是她們都力圖與自

己內在所忽略的部分接觸，並欲發展此一部分。Hestia 型女性通常與自己的女性面有不錯的連結，但需要發展更為肯定自己（assertive）的一面，換句話說她們必需與自己的阿尼瑪斯結交；Athena 型的女性早已有堅強的阿尼瑪斯為其效勞，有時甚至會幫倒忙，而她們需要的是和自己較為柔軟的女性面向有更好的連結。

　　Hestia 型案主在其第一盤沙景中通常顯現出明顯的缺乏自我肯定或缺乏阿尼瑪斯的攻擊性。她們呈現出被他人主控並接受自己的被動地位的圖像。以 Ida 的第一盤沙景為例（見圖 30.1，p.138），一位女性俯身過過一拱門，避開旁邊的衝突場景——幾位男性權威人物（警察）與本能生命（幾隻動物）之間的衝突。另一位「家庭型」女性並未在第一盤沙景中使用人類與動物的物件；她在鳥籠中放入另一個鳥籠，而置於沙箱中，表示自己感到被困在裡面。在第三位 Hestia 型案主（我稱她為 Ursula）（見圖 34.1，p.173）的沙盤中，有許多物件都背負著重擔，這可以視為是盡責的妻子與母親所背的重擔。有一位女性案主將沙子往旁邊移開，倒水進去成了大湖泊，讓水添滿沙箱那。她任憑大自然行其事而未曾照著己意予以改變。另一位女性案主的第一盤沙景則以一個釣魚男孩為主，營造出一種相當被動的整體印象。

　　Athena 型的女性案主的第一盤沙景與上類型相對照，處理的主要是與肯定及攻擊能量有關之主題。例如有兩位職業婦女在其第一盤中放入騎士跳躍過柵欄，其中一位加進了騎自行車的男性，她說在車賽中已經有一位男士死掉了；第三位 Athena 型案主在她的第一盤沙景之兩邊都放進揮舞著劍的男性。

　　在兩組最終的沙景裡，代表更為完整象徵的圖像最常出現。圓圈以及環繞著中心點是在 Hestia 型女性的最終盤沙景中是出現的圖像。有一位女性案主在她的最終盤沙景中造了一個斜的圓形山丘，有一條路環繞著山邊到達山頂；另外兩位女性案主在沙箱中繞著一個中心物件——一塊浮木和一位神祇，造出圓形的形狀。

　　Athena 型案主所作的最終盤沙景則較為平衡，且比起她們的第一盤沙景顯得更不具攻擊性。有一位女性案主造出的景是一對國王、王

后在觀看一場與打鬥有關的戲——現在攻擊變成是舞台上的事情，不再是立即上演的真實事件；另一位職業婦女在其最終盤沙景中造了一片祥和的大自然景致，很像是 Hestia 型女性所作的第一盤沙景。有許多 Athena 型案主和 Hestia 型案主一樣，均在其最終盤沙景中顯現出中心感。Irene 在其最終盤的沙景中央放了個馬戲圈，又在圓圈中間放了個巫婆（見圖 32.2，p.161）；另一位女性案主在其最終盤沙景的正中央做了一個山丘並在山頂上放了一座塔。

治療結果

這些女性案主在接受過分析治療後過得如何呢？我最後一次與她們接觸時，有四分之一的案主不再完全只聚焦於其家庭或是事業上。在 Hestia 型的案主中有許多位藉由修學分或是工作來發展其 Athena 的面向，大多數均表示她們與丈夫、子女的關係都有所改善，在她們保有自己原本的價值觀時也同時發展屬於 Athena 的部分。

許多位 Athena 型的案主藉由婚姻或是一份穩定的關係來拓展其建立關係的能力。其中有三位生了小孩。大多數仍保持成就性的一面，在專業領域中獲得證照或是在工作中得到拔擢。

不論是 Hestia 型或是 Athena 型的案主均有共通之處，即善於保護他人、為他人付出，不論對方是家人、是客戶或是病患，都讓她們忘我地付出。不論她們的基本價值觀是在乎感性或是理性，她們也都歷經相似的過程。其解決之道都在於與內在的核心連結，而非只認同一個面向。這使她們得以自由地發展相反的原型，但是其原本主要面向的功能並未因此被破壞，反而更增強了。

我不認為我們懂得到底在治療中發生了什麼使這找到中心感的歷程得以產生。雖然在事後，我們可以顯示出過程中發生什麼的順序（譯者註：作者應是指沙圖的順序），但我們實不能宣稱真的理解。女性對於傳統父權的部分叛逆，不僅顯現於抗議女性在獲取外在成就的機會不平等，同時也反對被「男性」所了解，以其語言來表達，就

是反對男性價值觀點的詮釋。

容格對於分析師想要「了解」（understanding）案主的事情上曾有所警告，他在一封信中說道：

> 了解是一種令人恐懼的連結力；因為了解而把（治療師與案主）的重要差異忽略掉時，它就有時會成為對（個案）靈魂的真正扼殺。個體的核心乃是生命的奧秘，但當它被「抓住」（譯者註：指被治療師了解到的時候）時，它也就一溜煙地消逝。
>
> （Jung, 1973, p.31）

第二十六章

兒童沙遊的發展階段

　　當我觀看兒童們所作的系列沙盤時，我發現將沙盤與 Neumann（1973）和 Kalff（1971 & 1980）所提出的自我（ego）發展階段連結起來會極有幫助。Neumann 提出五階段論，在起先的兩個階段中，自我基本上是與母親原型（mother archetype）處於一種神秘參與（*participation mystique*）的狀態，他將此一初期「幽冥性慾」（phallic-chthonian）的階段描述如下：「此一植物性與動物性的型式仍屬於高度的被動……，它尚未從大自然母性力量（matriarchal power）與潛意識的掌控下獲得自由。」雖然在接下來的「性慾魔法期」（phallic-magic）階段中自我已經「相當自主活躍」，但是只有當兒童進入到第三個階段，或稱之為「魔幻—戰爭期」（magic-warlike）時，自我才能

　　　　首先克服它對母性職權的依賴，因之影響到對父性職權的轉
　　　移，而關聯到其後隨之而來的「太陽自我」（solar ego）。自我
　　　在太陽—戰爭（solar-warlike）階段會認同父親原型，隨後是成人
　　　父權自我（adult patriarchal ego）的太陽—理性階段，其獨立性以
　　　意志與認知自我（cognitive ego）上的相對性自由而達高峰。
　　　　　　　　　　　　　　　　　　　　　　　（Neumann, 1973, p.139）

　　Kalff的經驗更確證了Neumann的理論，也使她提出類似的自我發展三階段理論：「動物—植物階段」（animal-vegetative）呼應Neumann的前兩個「性慾階段」（phallic），「戰鬥階段」（fighting）類似Neumann 的兩個「戰爭」期，而「適應於集體階段」（adaptation to the

collective）則對等於 Neumann 的「太陽─理性期」（solar-rational）
（Kalff, 1980, p.32）。Neumann 和 Kalff 二人的兒童發展階段理論的比
較見表 26.1 所示。

表 26.1　發展階段之比較

Neumann	Kalff
性慾幽冥期（Phallic-chthonian） 性慾魔幻期（Phallic-magic）	動物─植物性階段（Animal-vegetative）
魔幻─戰爭期（Magic-warlike） 太陽─戰爭期（Solar-warlike）	戰鬥階段（Fighting）
太陽─理性期（Solar-rational）	適應於集體階段（Adaptation to the collective）

　　我發現 Kalff 的三個階段通常表現在如六歲、九歲與十二歲三種
不同年齡層案主的第一盤沙盤上，然後兒童會在其後續的沙盤中對此
一階段做更進一步的表現，或者就轉換進入後續的階段。

▌動物─植物階段：六歲案主的沙盤

　　這位六歲案主所作的第一盤沙盤（圖 26.1）完全是由動物與植物
所組成，這是動物─植物階段的典型表現。他所使用的動物物件完全
是史前動物；在沙盤中有一列恐龍由右至左地走過沙盤之前方。一般
而言，兒童比成年人更常使用史前動物，這頗為符合此階段尚屬幽冥
渾沌狀態的特性。沙盤左邊中央及右上方深色的區域是水坑，案主將
沙子挖開露出沙箱藍色的底部。有許多兒童會為沙箱中的動物準備食
物與飲水，通常這是他們學習如何主動地為自己獲取滋養的第一個步
驟，而不再是被動地接受他人的餵養，所以是他／她邁向更高層次自
我主體性（ego autonomy）的一步。

　　雖然在沙盤中放入樹木與植物也是植物階段的典型表現，但是此
一做法也可能出現在任何一個發展階段。植物的出現可視為案主內在

圖 26.1

心理生長力量已活化的表現，與此相對的則是沙盤中毫無綠意的景象，這代表缺乏生命活力。

在沙盤中央略為左側的位置有一座大山丘，還有四座較小、較不明顯的山丘分布於沙盤其他各處。案主說這些山丘是火山，他在每一座山頂處都做了火山口。火山口意味著累積、可能爆發出來的感覺，當這些感覺浮現時，它們可能驅使案主脫離比較被動的母性階段（matriarchial stage），進入較為活躍的戰鬥階段，也就是父性（patriarchial）系列階段的起點。

這個小男孩的後續兩盤沙景正如所預料中的，出現了戰鬥的主題，首先是兩個國家士兵之間的戰爭，然後是一場海戰，後來出現一個國王被許多守衛護衛著的景象，代表著陽性原型的首度浮現（同樣的，若是小女孩的沙盤中出現皇后，就與陰性原型的現身有關。），這個小男孩似乎很順利地轉化進入父權狀態。國王的出現可能反映出他開始對父親原型產生認同，這就是 Neumann 所謂的「太陽—戰爭期」（solar-warlike）的特色。

圖 26.2

戰鬥階段：九歲案主的沙盤

　　一位九歲案主在他的第一盤沙景（圖 26.2）中跳過動物─植物階段，直接從自我發展階段中的戰鬥階段開始。兩隊人馬面對面一字排開準備戰鬥，排滿了大砲、騎兵與步兵團。接下來的兩盤中他做了更多的戰鬥場面，當他在做這些戰鬥主題的沙景時，他也不時地對我發出批判的言語，並且以大砲朝我的方向「射擊」。

　　這個階段的孩子通常在故事中將治療師視為敵對的人物，或者藉著測試治療師的界限引發對立的場面，例如「讓」沙子潑灑在地板上。後來他們也會主動要與治療師共同從事創造性的互動。兒童通常在治療中對治療師的態度變來變去，有時候是正面的，有時候則是負面的。

　　小男孩將他的第三盤沙盤命名為「搶嬰兒的戰爭」。他可能是對於自己內在正在生長的新狀態感到矛盾與衝突。他把一口井放在沙盤的一個角落，表示他正從地底下，也就是潛意識獲取能量以協助解決此一衝突。他的下一盤沙盤則以動物們從水坑中喝水延續這個主題。

能量的來源包括水井、食物，或是加油站的加油泵等，通常是在轉變（transition）的階段出現，似乎是因為自我需要額外的能量補充以協助其適應內外在力量之間的掙扎。

在他「射擊」了治療師、搶奪小嬰孩之戰、給自己水喝以後，這個案主第一次在沙箱中使用柵欄。或許他開始注意到需要更多的限制與控制了。當兒童使用柵欄時通常伴隨著他們漸形產生「與外界的影響力相互抗衡的能力並且⋯⋯能夠掌控這些外界的影響」——這是Kalff 對於「適應於集體階段」的描述（Kalff, 1980, p.33）。與此階段有關的沙盤特徵可能有：學校場景、競賽或是運動主題、與權威人物（父母親、教師、警察）之間的互動——特別是衝突，也有好壞之間的對比。

由戰鬥階段轉變至適應於集體階段的過渡期可能有數週到數個月之久，通常是以戰爭的場面緊接著為動物被關在柵欄內交換出現為其特色。可以準確預測的是當沙景出現攻擊的畫面後，接下來的沙景會出現動物被關起來的畫面。

適應於集體階段：十二歲案主的沙盤

這位十二歲女孩所作的第一盤沙景（圖 26.3）省略掉動物—植物與戰鬥階段。她以 Kalff 的第三階段——適應於集體階段作為開始。她在第一盤沙景中，把農場動物圍上柵欄。她並不是像前一位還在戰鬥時期的小男孩一樣，把潛在的破壞性攻擊給限制住。她不是將老虎或是獅子關起來。反之她似需要把那早已經被馴服的動物性本能做進一步的限制。

一位農家女孩正在撒食物給動物們吃——她很主動地滋養其動物性的自我，是朝向自我獨立的另一步。兩位男孩在沙子中掘出水坑好讓動物們喝水；而這位女孩則選擇直接餵食給動物的人物。這種更為直接的表達可能與這位十二歲女孩的更高層次自我發展有關。要不這可能代表在餵食動物與滋養之間有一種屬於女性價值（feminine value）的關係。

圖 26.3

　　另有一位女孩正在擠牛奶。這可代表人類由動物身上取得滋養。案主並不需透過認同被餵食的動物才得以滋養自己；取而代之，她可直接認同那位與她相近的人類女孩。

　　在這一盤中，本能的負性面向透過需要予以限制的形式表現出來，但其正性面向也藉由滋養而取得了平衡。所以這呈現了一個完整的循環──她滋養自己的本能，而她也由本能獲得滋養。

　　右下方的水井暗示更深層能量的存在。但是這一盤並不像六歲男孩所作的那一盤只是放一口井而已。在她的井旁有一位男士的肩頭上以擔子挑著兩個水桶，看來是要去取水。在此陽性面更為積極地取得其所需的滋養。

　　在左上方一位男士與女士站在房子旁邊，房子通常被視為是陰性的表徵；房子前面的路上有一部車，車子通常被視為是陽性的象徵。左下角有一位男性，他騎著馬朝一座橋走去。車子與馬都是運輸能量的代表，雖然一種屬於機械式而另一種是活生生的能量。兩者都將動態式的陽性（dynamic masculine）能量帶入沙景中。

　　一座橋指出她將自我對立的部分加以連結起來。其所需連結之處在此沙盤中並未被清楚地界定出來；雖然此盤沙景中有許多代表陽性與陰性的物件，同時也有許多動作與滋養之間的對立給予了線索。有

圖 26.4

些時候，正如此盤，橋樑存在的目的，並不清楚。不過橋樑當做連結者的象徵性價值依然存在。此種對於兩極對立存在的知悉與包容可帶來心靈中的轉化。

　　這十二歲女孩後續的兩盤沙景中接連出現一位要跳水的女孩，這又是一種主動與潛意識接近的表現。在這兩盤中都出現加油站，能提供行動所需的能量。

　　在她的第四盤與最後一盤中（圖 26.4：從右下角拍攝）更進一步地發展出適應於集體的主題。有兩個區域是以運動比賽為主：左邊的「奧運比賽」以及前面的自行車競賽。右邊的一個較大區域作為教室的場景，孩子們坐在椅子上，有一位在與老師、校長互動；中間上方位置跳水的女孩再次出現在其中，她正要跳進一個水池裡。後來當我回想時，我會將這重複跳水女孩的出現詮釋為這個案主已準備好要進行更深入的心理治療了，只可惜當時的環境並未能允許提供她更多的治療機會。

　　雖然兒童的生理年齡與發展階段的出現有所關聯，但並非絕對。

階段的發展也不一定固執地照著這樣的順序進行。這些例子並非意指此為唯一的發展方向,而是在於輔助辨識 Neumann 和 Kalff 所提出的自我發展階段理論,並藉此示範他們的理論對於了解兒童沙盤的好處。

通常我們就算看懂了也不會對兒童做這些解釋。事實上就和我治療成年人案主一樣,我儘量避免在沙遊治療的過程中做任何詮釋,以利非語言的溝通能自發地產生。欣賞沙景的內容,同理孩子所歷經的掙扎,並欣喜於他們的成就,這些通常就足以提供一個讓成長得以發生的聖域(temenos)。在完成所有的沙盤以後,再以幻燈片和兒童案主一起回顧他們所做過的沙盤,此時再以語言分享對於沙盤的觀察,這一場充滿情感的體驗就更能因認知而獲益了。

第三部分

個　案

第二十七章

個案介紹

　　本書的第三部分包含十個案例，將書中所描繪的各項重點做代表性地呈現。Kathy 示範了孩童在沙遊中的自我療癒能力，她是第一位找我做了一段沙遊的案主。她的歷程讓我見識到以柵欄控制憤怒、以容器進行孕育孵化、與沙箱產生的共移情以及在無須犧牲陰性面的情形下發展其陽性面。

　　Jim 的頭兩次沙盤在第二十二章介紹橋樑時曾提到過（圖 22.7 與 22.8）。在此將他的案例作一完整的呈現。我對 Jim 的治療陸陸續續進行了二十年以上，但是沙盤的部分只集中於其中的幾個月當中。沙盤中的作品使他終於在五十一歲的年紀得以第一次體驗到他自己男性面向中的情慾。

　　Ida 是我唯一做過沙遊的精神病患。她在第一次精神崩潰後被轉介前來作沙遊治療。在做沙遊的期間她曾發生第二次的輕度精神崩潰。

　　Ilsa 的治療過程顯示即便治療時間有限，但是心靈依舊能夠予以回應的例子。雖然她只能進行五次治療，但是她也確實完成了一個治療過程。

　　Irene是在「赫斯提雅與雅典娜」該章中所描述的職業婦女。她的沙盤以一個碎裂成片段的環作為開始，而以一個完整的圓圈作為結束。

　　Rhoda 進行沙遊的時間亦有限。她的第一盤沙盤預告了對於靈性的追尋，而在接下來的四盤中繼續發展並有所成果。

　　在解說烏龜、聖門以及 Hestia 與 Athena 的象徵意涵之篇章中曾略微提到 Ursula 的沙盤，在此將她的全部歷程作一完整呈現，其特別之處在於她在十五年的治療中共做了十盤沙盤。而其中有一些相互間隔

達三年之久，然而這十盤沙盤卻構成一個完整一致的歷程。

　　Amy 的第一盤沙盤使我警覺到對於順序的分析。即便是在其第一盤沙盤中，仍有一些互補性擺設與成長順序的例子存在。

　　Emmy 就和 Ilsa 一樣，在與其原分析師繼續治療期間同時來找我做沙遊治療。而在她做沙遊治療期間，我越來越警覺要注意到移情—反移情關係的議題，我將其稱之為共移情。

　　最後一位案主是 Debbie，她來作沙遊的目的是因為罹患癌症而想要為自己的瀕臨死亡作好準備。她藉由沙遊治療來處理自己未完成的議題，對於沙遊本身以及對她自己都是一項厚禮。

第二十八章

Kathy：沙盤中的自我療癒

　　Kathy 的一系列沙盤呈現出自我療癒的過程。每當我有幸得以觀察此一心理療癒的歷程時，我總感到無比敬畏，就像當我看見人體在受傷（如刀傷或是燙傷等）之後所展現的自我療癒能力時，我總有股敬畏之心。人體的皮膚細胞在沒有外力的協助下自行展開修復的工作，除了保護免於感染或是進一步的傷害之外。

　　許多心理上的創傷也能自行修復。心理的創傷就如同身體的創傷一般，都需要一個讓療癒能夠產生的空間，且這空間能提供安全與保護。沙遊中的「自由且被保護的空間」（free and protected space）提供上述的兩項條件，因為當事人能在沙盤中完全依照自己的意思做任何事情，而治療師在其身旁施以保護。

　　Kathy 在將滿十歲時被帶來接受治療。由於她在學校的問題日益增加，所以她做了極為詳盡的心理檢查。她的部分診斷報告如下述：

> 　　低自尊及人際關係中的怯懦導致嚴重情緒問題。智力程度中等，但語文書寫能力不佳，視覺─動作協調（visualmotor coordination）不佳，符合失讀症（dyslexia）之診斷。對於失敗極度敏感。

　　Kathy 的父親過去極為重視成就。他不但要求自己能達到完美的程度，也如此要求別人。他深受強迫症與憂鬱症之苦，因而接受容格學派的分析治療。在我開始治療 Kathy 的四個月前他就因為腦溢血而

過世。

　　Kathy 的母親比起她的父親較為包容。她也在接受容格學派的分析治療。Kathy 有一位八歲的弟弟以及一位七歲的妹妹。

　　當我和 Kathy 父親的分析師討論時，他告訴我 Kathy 的父親在治療中從未提到過 Kathy 以及她妹妹的事情。他只在意兒子。他對於 Kathy 頗為失望，認為只要她願意努力，她在學校中的表現一定會更好。但是 Kathy 在學校不斷的挫敗使她變得越來越沈默不語，越來越自我貶抑。學校中的挫敗、家長的責難、低自尊、無法自我表達——這些都交互作用而成為她無法逃脫的負面循環。但是父親的過世並沒有使她就此獲得紓解。

　　我治療 Kathy 約有一年半的時間，總共是四十三次的治療。治療的主要目標是讓她能夠更自我肯定，而次目標則如下：

　　1. 克服對權威的恐懼以及上者造成的對於失敗的恐懼。

　　2. 學習她能夠控制其攻擊情緒的表現（如此她才不用壓抑或是潛抑之）。

　　3. 矯正其認為母親或是女性是**好的**，而父親或是男性是**不好的**兩極化的印象。

　　Kathy 本來是天性外向的孩子，但是她的語言表達卻和失敗與痛苦相聯。治療初期她通常在治療的時刻中不太說話，但是在每一次治療都做許多盤沙景。她對於以非語言的技術來表達自己的方法，蠻是願意，且很飢渴。她甚至默默地使用沙遊物件練習視覺動作技巧。例如，當她發現花圃時，在好幾次的治療時段中小心翼翼地將花放進花圃的洞中，她對自己的日漸進步的成果顯得無比的快樂。

　　她早期在沙盤中所呈現的克制與僵硬的自律漸漸地鬆綁。到了治療後期每當她在沙盤中、或是在與我的關係中甚至是在談論到他人時若表現出攻擊性，她就會在接續沙盤的沙景中替動物們圍上一道柵欄（可能是在當次的治療或是在下一次的治療中），我看見她需要再次確認她有能力能夠控制自己的感覺與本能。

　　Kathy 很快地在我們的互動中克服早期的沈默順從，開始在可不

可以使用水、能不能把沙子潑到地板上、可以開啟哪一些放小物件的櫃子等我所設限的事情上測試我。舊金山容格學院准許我使用他們的沙遊治療室，但我可不希望被取消使用資格。

所以我定下規則，但是Kathy卻有意見。有時我會覺得焦慮煩躁，但通常我也覺得她沒錯，所以我變得越來越包容，而她也變得越來越有自信，不再是過度順從或是過度攻擊敵對。她還學到如何談判呢！最後她甚至訂下自己的規則。她在一塊草地的背面寫上「不准有沙子」，這句話是寫給其他使用沙箱的兒童們看的，意思是不准將這塊草坪放在沙子上。

她甚至體驗到在與我的關係中她是個有權威的人。她要求我將一些東西組合一起，但我若做不到她就會嘲笑我；要是我終於辦到了，她會語帶嘲諷的說：「我早就說過你辦得到的！」我想到她過去在和她父親的關係中通常是那一個相反的角色——被嘲笑諷刺的人。Kathy有時候要我們在沙盤中打仗，用大砲互相射擊。她對我的攻擊交雜著關心的舉止；有時候在完成沙盤以後她會拿出餅乾、飲料和我一起分享。

對大多數的小女孩和女性而言，如何在不犧牲女性面向中關照與接納他人特質的情形下發展出男性面向中的成就與自我肯定，這是一項普世性的課題，而對男性也確是如此。當 Kathy 在沙盤中表現其陽性或是自我肯定的部分時，她就會在下一盤沙盤中使用母親、貝殼以及其他熟悉的女性象徵物件，再次地確認自己的女性認同。

除了這一些多少處於意識中使用沙盤素材的時候，Kathy 的無意識層次有時也會出現於沙盤中，通常屬於一種深邃的、原型式的層次。無意識通常在各種時候運作，但某些時候無意識的作為會特別顯目。Kathy在沙遊中四度出現中心感（centering）的表現，似乎是她接觸到其內在本我（Self）。

Kathy的第一盤沙景（圖 28.1：「圍住動物園內的動物」）反映出她對於攻擊的恐懼。她必須將攻擊加以控制住，把野生動物圈住。她的恐懼有兩個根源：害怕失敗；害怕她那因多年挫敗所累積的憤怒，

圖 28.1

一旦被釋放出來後會將其吞沒。但是馬匹卻沒有被圈住，有些人騎在馬上呢！所以仍有一些動物性，或說是本能的力量能提供她進行這一場分析之旅。

　　左邊樹林後藏著一隻鱷魚，張牙舞爪的負向母親面向一半已意識到而另一半仍未被意識。房屋則帶進屬於正向母親的庇護層面。上方的水井也是個正面的跡象。將水由地底下取出就好似由無意識中帶出東西；提水桶的一些日本人物正準備要取水。Kathy 似乎是準備好要進行分析的歷程了。

　　在 Kathy 的第二盤沙景中（圖 28.2：「動物被餵食」）動物仍舊被圈住，但是鴨子在柵欄外面。她已準備好要給予自己的感覺與本能更多的自由了。這些動物是家畜類而非野生動物；它們「比較安全」。盤中甚至有餵養動物的食物；她現在願意滋養自己的本能了。又水井依舊存在。又綠色植物，生長，也表現出來了。Kathy 甚至在沙盤中放入了溫室，或稱之為暖房。這是一個對她極重要的象徵性物件，在後續的沙盤中出現多次。溫室就如同治療性的聖域（temenos），在此

圖 28.2

一切的大自然生命均獲得保護與助長。

　　下一盤沙景中央的馬戲圈（圖 28.3：「馬戲團」）暗示著她自己的中心性或完整性開始要出現了。在此動物不再是被圈起來，它們在人類才智的引導下表演著。這是一種不同的控制，需要技巧與判斷。大象一家四口在圈外繞行。大象對於 Kathy 顯然有特別的重要性。

　　在這一次治療中 Kathy 告訴我她要在一場動物表演中參與評審。所以她是評審員，而不是受審者。她還提到手臂上的抓傷。她說這是她的小貓抓的，但是它並不是故意的。她補充說：「它只有高興嗚嗚叫的時候才會這樣，這是嗚嗚叫的抓痕。」同樣的一種行為可能包含了愛與傷害。

　　在下一次治療中 Kathy 做了四盤沙景。前三盤包括下列：機車與賽馬，這再一次地指向發展技巧與被評審的議題；有一個女性正要跳入水池中，也就是要跳入無意識中；一位王子贏了一場決鬥，他將娶公主為妻——一場皇室的婚禮，Kathy 內在的陽性與陰性面的結合逐漸要發生了。

圖 28.3

　　這一次的最後一盤沙盤中，Kathy 在位於中央的搖籃中放了一個小嬰孩（圖 28.4：「基督降生圖」）。然後她再加上聖母瑪利亞、約瑟以及圍繞著嬰孩的智者。她在馬槽聖嬰的四周造了一座森林，最後再加上她所熟悉的溫室。

　　在這一盤中對於植物與成長的強調（樹林與暖房）以及新生嬰孩都說明了她內在的新發展。這嬰孩是聖嬰基督。這可能是因為十二月份接近聖誕節她做了這盤，但也可能是在原型的層次有些歷程正在進行著──聖嬰誕生了。

　　在下一次的治療中她做了一盤幾乎一模一樣的沙盤（圖 28.5：「第二個基督降生圖」）。第一個的基督降生景象必定是極為重要，以致銘印在她的無意識中。她不可能在意識中記得如此精確。不過這一次她還加進了一個新娘，召出在上一盤中王子與公主要結婚的主題。

　　Kathy 說她的下一盤沙景主題是慶祝女王的生日。再一次地將此畫面引申至王室的誕生，不過這一次是原型女性的浮現。

　　在接下來的一盤中（圖 28.6：「爸媽去上學」）成年人們坐在左邊

圖 28.4

圖 28.5

的教室中，而小孩子們在右側的四幢房屋前。這真是反過來了；爸媽
必須上學去而小孩子卻留在家中！

　　在這一盤中有許多新的生命，小嬰孩在搖籃中、在澡盆裡，一共
有九個小嬰孩。有兩部汽車在加油，油罐車載著額外的能量來補充。

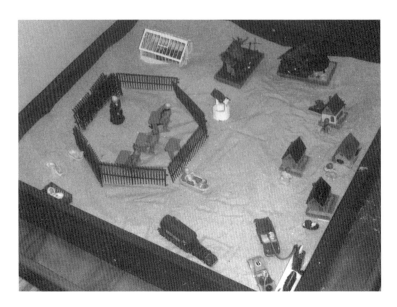

圖 28.6

車子與房屋暗示著陽性與陰性都共同的啟動了。Kathy 必須學習在學校有所表現，同時也能與他人建立關係或是關心他人。

接下來的六盤沙盤在撫育（母親與嬰兒、女人擠牛奶、吃食物或飲水的動物）、未受控制的攻擊（印地安人不分對象的攻擊）、受控制的攻擊（動物在柵欄內）與逐漸減少控制（動物在柵欄內、外）間轉變。

然後再一次出現中心感（圖 28.7：「黑馬上的黑騎士」）。這一次 Kathy 在沙盤中放置了一匹黑色的馬，馬背上有一位著黑色衣服的騎士。她把馬和騎士一圈又一圈地繞著，以螺旋的方式向內繞行最後到達中心點。最後她從左邊把一隻大象放入沙盤中。這隻大象可能代表無意識浮現的內容，接近她黑暗的陽性英雄但是不具威脅性。

在接下來的幾盤沙景中，Kathy 做了許多與日常生活有關的沙景，區分出女孩與男孩、好與壞、花園與學校、順從與叛逆。她在其中的一盤中做了一所男校，其中的男生「都是壞學生」，她說道。在這一盤中有許多的容器（茅草屋、小平房、船隻、有嬰孩的搖籃），所以

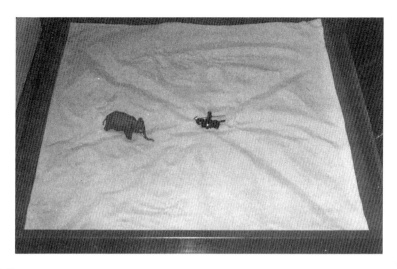

圖 28.7

　　她在這個沙盤中為自己提供了多重被容納（containment）的經驗。

　　在同一治療時段中她想要能使用收藏在櫃子中的限用物品。我試著要去抑制她，堅定地限制不可以使用這些物件。但她說若是缺少這些東西，她的沙盤就會不完整。在下一次的治療中我們就此再次交涉，最後我撤銷了一些過於嚴格的限制。這是她和我之間移情／反移情的互動同時與沙景相互呼應的許多例子之一。

　　在另一盤中她把意含成就、表現或是陽性特質的學校與暗示著女性特質的花園、大自然做一區隔。然後她說所有的「壞男生、壞女生都留在學校裡」。所以現在不是所有的男生都是壞人，也不是所有的女生都是好人。

　　後來 Kathy 把成就取向的學校與自然成長的花園結合在一起。而且在這一次治療中，Kathy 全神貫注地練習其視覺—動作技巧，不斷地把花插入花圃中，再一次地將陽剛性的成就與陰柔性的大自然結合起來。Kathy 很滿意自己的成果。對自己滿意的感覺也更進一步地強化她的自我（ego），這更增加她對自己的正向感受。原先的惡性循環已經被這股不斷增強的自我療癒循環所取代。

圖 28.8

在這一系列中的最終盤沙景中（圖 28.8：「一個給每個人的城市」），有男生有女生，有小孩有大人，有黑人女孩與黑人娃娃，有印地安人及日本人。一條河流貫穿中央，有一座橋連接兩岸。但在這裡的兩岸似乎並未被區分為對立的兩個世界。或許在這一盤中，橋樑代表著較為一般性的連結或是拉近之意。Kathy將這一盤命名為：「一個給每個人的城市」，意含著她自己內在各部分的統整。

Kathy 告訴我河流中的水是聖水，但被細菌感染，而其為從右下方流向左上方，所以人們必須飲至右下方的水。她把綠色的石頭放在河流中，說有人想要跳進去撈石頭但是因為太深而沒有成功。或許目前在她的無意識中仍有一些寶藏是深不可及的。

在下一盤中（圖 28.9：「貝殼與鳥的水景」）有一片像是瓶子或是子宮的水池。在這一盤中除了水以外還有其他的女性象徵物，像是貝殼與房屋。正向的女性面獲得確認與強化。

在這一盤之後Kathy做了一個與上一盤相對照的沙景，代表負向、攻擊性的女性面向。其中她擺放了一個在對女兒咆哮的母親。又在底

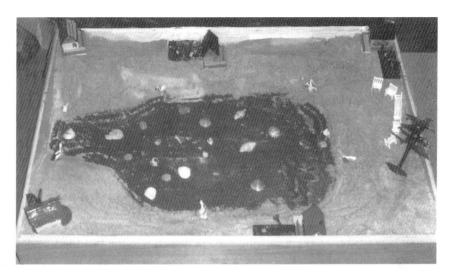

圖 28.9

部有一個準備要發射的大砲。

　　接下來的幾次治療在打仗（她要我們互相射擊，並談到她與母親、弟弟之間的爭執）與圍欄（將大象家族圍起來）間轉變。然後出現一次比起其他治療都要更具試探性且更為負面的情形。她把幾團溼沙掉在地上。有好幾次她做了東西但是又把它們毀掉。她替自己定利己的「規則」但是又取消它們。最後她要我們在沙子上以玩具大砲互相射擊對方。

　　在下一次的治療中她想要談話。她談到老師與小孩、大人和小孩以及保母的事情。這一次的分享感覺很好。

　　在她的下一盤沙景中，有幾位東方人物要過橋。她說每一個人都害怕蠑螈和蛇。在右上方有一個人提著燈籠，正在看著水順流而下。Kathy 說：「他們喝這裡的水，用這裡的水洗臉、洗手。」從象徵性而言，燈籠代表著意識，在此更意味著保證水是可以用來淨化的。

　　在接著的三次治療 Kathy 在沙箱外面的桌子上做花園，每一次都會使用溫室，而且每一次溫室的門都是開啟著。但此後她就再也沒有使用溫室。好像它的使命已經達成；它已經提供一個可以讓她成長與

茁壯的庇護處所。

在下一次的治療中，我們一起對著她所建造的沙牆射擊。接著的下一次治療，之後是長達四個月的假期（她的加上我的），她帶了一個與學業成就有關的禮物──筆筒來給我，並且在黑板上寫下「愛」這個字。她以一次的治療表現其攻擊，又以另一次的治療表達其關愛之情。她不再需要把動物關在柵欄裡了。

她從義大利寄了一張有摩西雕像的明信片給我。摩西不折不扣地就是代表父親的男性律法威權的典型人物。她把代表她生命中及治療中主要議題的圖片寄給我。

在結束假期回來繼續治療後的頭三盤沙景重複她較早期的主題（柵欄內的動物、學校與花園、小孩與大人）。通常在假期結束後都會有此情形；好像是要回顧治療中斷前的過程。她聊到學校的事，而且有史以來第一次問我的私事，像是：「你小的時候喜不喜歡穿漂亮的新衣服？」她現在開始對治療師產生認同，而我曾是她又愛又恨的權威人物呢！

在她的最終盤沙景中（圖28.10：「城堡」）再度出現中心感。她在中央位置做了一座沙丘，然後要我們一起做一些塔。我們把溼沙放進試管中，再小心翼翼地把土倒在沙丘上，就形成城堡的樣子。在右邊中央的位置通常是她放置溫室的地點，她放進三個貝殼，將屬於陰性象徵的貝殼結合「三」這個陽性數目。

她說有一位公主住在城堡中，她解釋道：「她的爸爸把她留在那兒。」我問她爸爸是不是對公主很兇，她說：「沒有，他是在保護她。」

我們再次以玩具大砲相互從沙箱的兩邊射擊對方。她說公主在我們打仗的時候躲到城堡底下去了，所以她在衝突發生時會躲起來也會保護自己了。後來她為了要找失蹤的子彈，就把所有的東西給摧毀了。我想這可以視為她已從負向的父親情結中獲得自由的標記。

在下一次的治療中她談到學校，但沒有做沙箱。然後她就在桌子上做了花園的景象，河流上有一座橋樑，她解釋道：「水從橋下流過，是乾淨的水。」原本被細菌污染的聖水現在成了淨水。

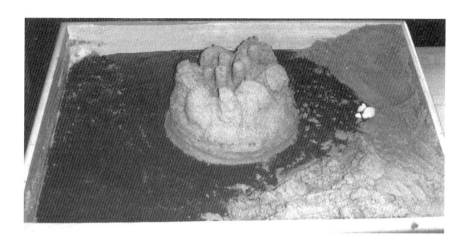

圖 28.10

　　我們最後一次在沙遊室中做治療時，Kathy 在黑板上畫下一個男孩與一個女孩去參加舞會的圖畫。早先在她的沙盤中陽性與陰性的結合以王子與公主的婚禮之原型形式出現過，現在兩者之間的內在結合以一對年齡與她相仿的一般男、女孩的關係呈現出來。在此之後我與 Kathy 每個月見一次面達半年的時間，直到我們雙方都決定要結束治療為止。

　　兩年以後她的母親把 Kathy 的成績單寄給我看，成績相當好。她寫道：「讓我特別高興的是她在家裡是一個澈底的十三歲孩子的樣子！」過了三年之後，她的母親打電話給我，告訴我 Kathy 在高中都讀得十分順利。她已穩健地邁上她的人生旅程。

第二十九章

Jim：男子氣概的發展

　　Jim 第一次來找我做治療是因為畏懼症的原因，那時他快要三十歲。他怕高、怕空曠與緊閉的地方、怕過橋、怕失去他的父母、怕生存在太空的地球上、怕一切所有未知之事物。他問道：「我們從哪裡來？我們為什麼要在這裡？我們要到哪裡去？」這一些都是我們在成長過程中所問過的問題；他也害怕有性關係，因為在他的教養中，性是骯髒與污穢的。後來，這四十七歲的他說：「性對我仍是個奧秘。」

　　在 Jim 的眼中，他的父親是一位嚴苛、冷峻不慈愛的父親。他在乎自己的工廠大過於家庭。有一次他的父親寫道：「讓我們永遠當一個靠我們的產品吃、睡、生活的強力銷售商，連做夢都要夢到我們的產品」。

　　Jim 很愛他的母親，但是抱怨快要被她「窒息」了。他很討厭這樣，說：「你要是被你的媽媽主宰的話，就不能發展自己了。」Jim是四個孩子中最小的。他有一位姊姊以及兩位已婚的哥哥。當他第一次來接受治療時，他進行了約有十年的治療。到了治療末期的時候他已在父親的公司工作，也克服了他大部分的畏懼症，和少數幾位女性的互動也比較自在。

　　十年後他的父親過世時他再度回來接受治療。他現在已接近五十歲了。畏懼症的問題又再度困擾他。他在搭電梯時帶著一台錄音機，一邊搭電梯一邊說話、錄音，直到他認為已經到達他能忍受的高度為止。他在治療時把錄音帶播放出來讓我們一起聽。他也花了很多時間譴責自己的惰性。他自覺沒用但又希望自己成功。顯然他已經內化了父親的要求。

　　這個時候我已經有沙箱了，有一天 Jim 告訴我他想要做一盤沙盤。在連續四次治療中 Jim 共做了四盤沙盤，然後間隔幾個月之後又再做了兩盤，但這兩盤之間又相隔幾個月的時間。

　　Jim 描述他的第一盤沙景（見圖 22.7）是一個在海邊的度假小木屋。但是他並沒有將沙子挪走讓沙箱的藍色底部露出來藉以表達水的感覺。他在這第一盤中也使用了橋樑，但是橋樑的兩端並無清楚的界定。右邊是乾地但是隱含著與地下水源的相連（花園水池、兩口井、樹木）。左邊是水源區，有枯乾的植物四散其中。每一邊都不清楚地混雜著乾與溼。甚至橋下的河流都是在整個沙盤完成以後才做出來，好像是後來才想起來似的。

　　在他完成沙盤以後我問他有關柵欄的事情，他解釋道：「這是產業的邊界，介於你的生活和外界世界之間」，他又補充說：「或許我需要一隻母牛」，然後將一頭公牛放在水槽旁喝水。母牛自然是母親類的物件，但是他挑選的卻是一頭公牛而非母牛。這似乎是另一種倒錯或混淆，他不清楚陰性與陽性之區別一如他混雜了乾燥與潮溼。或者也有可能是他不自覺地偵測到，他母親那過度熱切的關照之下具有如同公牛一般的阿尼瑪斯。

　　他一開始在沙箱中放入一個巨大的雞蛋，但隨即將它拿走，說雖然他喜歡這顆蛋，但它應該是屬於山裡面的，而不是在海邊的。

　　在他的第二盤沙景中（見圖 22.8），他把沙子移除以露出箱子底部的水藍色作為水，並以雙手將沙子堆在沙箱中央位置做成一座山。在此地面與水面清楚的區隔了，而中心點（centering）的過程似乎繞著這座極為陽剛的山丘發展。他說：「或許它們都要上來挑戰在山頂上的這個傢伙，這幾個傢伙（甲殼類等物件）才不管。這個傢伙（鱷魚）是在一半的位置，要是大猩猩下到水裡它才會在乎。」站在山頂上的大猩猩似乎一點都不懼高。而它的陽剛之氣會把下面的鱷魚給嚇住，鱷魚或許代表那張牙舞爪的負向母親。

　　下一次治療中 Jim 告訴我他在上週有了第一次的性交經驗，這是

他五十一年歲月中的第一次性經驗。他高興得不得了！他問道：「你想是不是我上一次做的沙箱讓我可以這樣？」

Jim 的下幾盤沙盤用不同的形式描繪出新生命的釋放。在他的第三盤中他將沙子推到兩側作成溪流，立即出現動感，似一股新能量的流動。他加了一個青蛙背著小青蛙的物件，然後放了一個巨大直立的蛋在沙盤接近中央的位置，但是後來又將它拿走。除了青蛙和蛋以外，在沙盤中還有許多和新生、轉化有關的跡象，包括蛇和飛翔的白鴿。又有小青蛙，小鵝和母蛙，母鵝在一起，意指接受小生命的依賴。

Jim 在河流中放了一艘獨木舟，並且說在獨木舟中的人就是他自己。他又補充說：「我不知道自己是在向上流或是向下流走？」但不管怎樣，他已經開始了旅程。

他的下一盤沙景中都是乾沙，和前一盤正好相反。但是 Jim 以手指在沙子上造了一條路，再一次地指出旅程的意涵。他放了加油站在沙盤中，為他的旅程提供能量，加油站上面「貝殼」（「Shell」，譯者註：是美國一種加油站的牌名）的標誌間接地隱喻陰性的層面。

一個手提著一籃花（象徵感覺）的男性是「加油站老闆」，如陽具般高聳的一些守護塔俯瞰著路程並予以保護。在這一盤中陽剛的部分有更清楚的分化。現在男士們不僅能像他的父親一樣有自己的事業，更可以擁有感覺並具有保護性。

他在一幢房屋前面放了圍牆，並有一隻狗從開著的門進入。在他的第一盤中圍牆將他與外界世界隔絕起來。現在圍牆有了入口，也有了一隻狗，代表他的本能感覺，它可以透過大門的出入口將房子與外在世界連結起來。他放入的最後物件是一個男孩與女孩，各自提著水桶。男與女可以在一起，且都會滋養他人。

而在最後，他在沙盤的上方角落又加上了一個雙手向外伸展的女性人物。兩個月之後他提到自己所作的夢境：「我和一位女性（和他發生性關係的那一位）在極高的葡萄藤架上的邊緣走著，我先跳下來然後協助她下來。我幫助她而她也幫助我。」他對高度的恐懼始於大學時期，當時在一個女生的教唆之下他爬上懸崖峭壁的邊緣。現在在

夢境中他和女性一同合作，彼此協助從高處下來。

他的第五盤沙景包含了房子、圍牆和打開的大門。一位男士（取代了小男孩）在工作、一隻貓陪著他；一位女性（取代了小女孩）站在中庭，她的身旁有一隻狗。陽與陰已更為成熟且蠻自在地在一起。

Jim 試著要在屋頂上放一隻貓頭鷹，但是它不斷地滑下來，所以他後來把貓頭鷹放在樹上。貓頭鷹就像大猩猩一樣一點都不怕高。Jim 描述它是「一隻有智慧的老貓頭鷹，凡事都看在眼裡」。這隻貓頭鷹在此似乎是智慧老人形式的本我象徵，陽性的本我。Jim 看著整盤沙景說道：「這像是遠離俗世的綠洲，既寧靜又平安。」

在他的最終盤沙景中（圖 29.1），Jim 清晰地區分陸地與海洋。當他以浮木做完右上方的區域後，他又加上乾燥的葉子，並說：「這是已經死掉的東西」。然後放進黑色與黃色的橡膠製人型，他說這是男生和女生。他稱此一黑色的人型是他的女性朋友，而黃色的人型是他自己，可注意的是他們都各自有一條腿是放在水中的。隨後他就把一顆蛋放進去。所以先是死亡，然後出現一對抽象的男性與女性，接著是一場新生。而這次蛋是橫置的，並且他說它本該如此。他沒錯，蛋本來就是這樣子。在這最終的沙盤中他把蛋留在裡面了。

圖 29.1

在這一盤沙盤完成後不久 Jim 就結束治療了。四年以後他打電話來約時間。我們又再談了兩次，然後一起決定找一位男性治療師會對他更有幫助。所以我將他轉介給一位男同事。幾個月之後他們告訴我治療關係建立得很不錯。九年後當我要退休時，Jim 依舊在接受這位男分析師的治療。

在我最後一次和 Jim 的分析師接觸時，他告訴我 Jim 已經離開父親的公司並且成了顧問。他的畏懼症幾乎不復存在，僅剩下害怕搭飛機。他仍然和同一位女士約會，不過已經變成柏拉圖式的關係。他的性慾僅在沙遊中的突破現象出現後維持一段短暫的時期。

Jim 在成年期需要不斷接受治療的現象顯示他可能有更深層的病態存在。不過他的分析師說 Jim 經常提到他在我這裡所做過的沙遊，而且給予好評。雖然沙遊治療無法帶給 Jim 完全的療癒，但它確實幫助 Jim 體驗到在男性發展上的一種突破。

第三十章

Ida：一個女人在沙遊的個體化過程

　　沙遊常被問到的一個問題——到底沙遊僅止反映一個人在個體化過程所達到的地步，或是它引導出人的個體化過程呢？我想兩者皆有，因創造過程具治療性，且創造的成果也能反映出個人的發展階段。

　　為了說明個體化過程在沙遊的發展歷程，下面我以Ida——一位四十歲女性的沙療為例加以說明。

　　Ida 是一位以智力來了解事情的女人。她聰明、內向且直覺強，她的感受力天生就比思考力強。但由於一直長久生存在理性為主的領域中，她必須用智力來讓她「活得下去」。使她相信陽剛的邏輯要比陰柔的情感優越。

　　Ida在接受我的心理治療近兩年後才開始沙遊。自此之後的兩年，Ida 在九十場次治療裡，共排了七十一個沙盤。其中前面的四十四個沙遊治療，通常進行的方式是由 Ida 先排沙盤，之後我們討論她所排的東西；但在第四十五次會談裡，則有明顯的改變。此後的二十六個沙遊治療裡，我們幾乎不再討論她所排的。也就是在這後面的二十六個沙圖裡，可以一步一步的看出她真正的個體化過程。

　　Ida起初的沙盤（見圖30.1）描繪出她主要的困擾並渴求問題能得到解決。在左上角的大部分母性動物代表著 Ida 天性直覺、自然的母性部分。而左下角高舉著手的警察及坐在摩托車上的警察則代表著父性權威。Ida對此評論道：「成長被法律扼殺了，我喜歡自然天性。」

　　Ida 認為站在中央的潛水女孩是她自己，她說她要通過沙堆的隧道往右下方去；坐在駿馬上的女人和騎在腳踏車上的男人也同樣要去

圖 30.1

隧道，這一男一女一路伴著她前行。仿佛 Ida 不再理會左邊動物及警察的衝突，她已準備要採另一條途徑，往新的方向前進。

Ida 並沒有提到右上角的印地安人：酋長、身負嬰兒的印地安婦人、帳篷及圖騰柱。回顧之際，她才認識到印地安文化敬畏權威與敬畏天性的雙重深厚根基。因此右上角所顯示的是一個可能的解方，將衝突整合可能是解決對立的一個途徑。但她對右上角印地安群卻未置一詞，顯示她尚未意識到此解決途徑。

自此之後的十一個月內，Ida 多達二十八盤的沙圖都圍繞著一個主題──「掙扎欲擺脫父性權威的束縛」，這與她把父親、丈夫、神職人員理想化有關。例如她謹慎地在數盤沙遊中顯示出她對先生的感受──含敵意又深感脆弱。

同時她會把閱讀容格心理學的心得轉化呈現在沙盤上；在這段期間，人物的安排絕非隨便的。所有她排置在沙盤上的物件，都在這單一與幾何形式的統整全貌中扮演一角。在排完每一盤後，她常會主動告知其內涵。

例如在此時期，她排了一盤沙，沙堆高築成四個相連的高台，她表示右邊最低的一層是集體潛意識（collective unconscious），再往上依次是她個人的潛意識與實際每日的外在生活，而左邊最高的一層，放滿了教士、國王、印地安酋長，則是靈性層面。最後，她在盤中央

放置了一個石塊，她說這石塊就是她。

在另一次沙遊治療裡，她有意地布建一盤沙景來說明她所了解的四種心理功能。在盤正上方中央處，她擺放數個人物，代表著「感覺」（sensation），其中包含潛入水中的女孩。在「感覺」的下方，她則放置另一群人物代表「直覺」（intuition），如會魔法的女巫。而正對面的左邊則被規劃成「情感」（feeling），也有一群物件由毛躁的孩子來代表。在右邊則是「理性」（thinking），幾個物件中以男教師為代表；正中央的東方女孩則凝聚了「感覺」、「直覺」、「情感」和「理性」於一身。

在此同時，Ida 正感受著不愉快的婚姻、雙親的急症及她對前三者的內疚之情。此外，她本身婦科病症需要醫治時，她就十分焦慮。以前她在經過子宮內壁檢查手術（DdC）之後，曾發作過精神疾病。在我治療Ida之初，她的婦科主治醫師正打算將手術延期，她希望Ida能降低焦慮，充分加強其內在資源，如此才能承受日後進一步的醫療手續，不至於感到自己女性的特質被剝奪殆盡。

Ida 對沙遊非常用心，她在家用黏土做了一個沒有頭也沒有手的殘軀，用來代表她自己。在治療中，她分享她的夢、畫、詩作和日記；她修心理學及寫作的函授課程，因此她也編寫自己的故事，同時她也修雕塑的課。每項創造性的活動在在顯示 Ida 與生俱來的天賦。在寫作課程裡，她的散文和故事創作受到賞識，而她早期的雕塑作品也曾獲獎。此外，她孜孜不倦地閱讀心理學著作，以期了解此專業，並能學以致用，突破存在她內心的困擾及陷阱。在過去許多會談裡，她連珠炮似地向我發出各種問題——一般性的及私人的，理想與現實、男性與女性、性及宗教；她企圖要理出頭緒。

儘管Ida投進心力，但她的沙遊卻反映出內心漸增的不安與煩惱。在一盤中（見圖30.2），她甚至把自己和先生埋進沙裡，透露出自殺與殺人的想像。兩次會談後，她焦慮地懊惱著不該「做這樣的事」，急切地想挖出人偶。但因先前她排的沙盤已撤除，她必須重埋人偶，之後再把它們挖出，使其重獲新生。圖右邊中央兩人偶身後的凹痕是

圖 30.2

Ida 挖出人偶時留下的痕跡。她在沙箱裡透露出內在的想像，這遠比語言及幻想更確切，同時也避開真實生活中實際行動化的危險。

在 Ida 告訴我婦科醫師希望她儘快接受手術的那次會談中，她把代表她和我的人偶單獨擺在沙盤中。不久後，她的精神疾病復發，但也日有起色。在不需要住院的情況下，藉著藥物與密集的心理治療控制住病情。之後的沙遊治療裡，她第一次用到國王和王后的人偶，且在三次連續治療次數裡將它們放置在盤中央。如今回想起來，我才認識到這重複使用王室夫婦（royal coniunctio）是 Ida 企圖要重掌控制權及生活安定感，她死命地抓住一些東西，欲脫離精神疾病的泥淖。

一日，Ida 進到沙遊室，把代表自己的人偶單個地放在盤中央（見圖 30.3）。這全然沒有代表孤立被棄或放棄的況味，反倒代表有股力量油然叢生，顯示她有面對孤立的勇氣及力量。在先前的沙盤中，代表我和她的人偶被單獨放在盤中，但這次是她自己一個人傲立盤中。這第四十五盤沙是她沙遊治療及精神疾病的轉捩點。接下來的會談，她表示自己好多了，確實她是好多了。精神疾病已遠離她而去。

第四十五盤沙之前與之後的比較所展現的懸殊，絕非誇張之詞；之後，Ida 捨棄理性智性立場，不再刻意用知識意義分析事物，她讓心靈取代前者，接掌管轄權，而內在中心化的過程（inner centering process）於焉展開。

圖 30.3

圖 30.4

　　在下盤中（見圖 30.4），她首次在中央做了個水池，左下角的河水流入池中，兩個印地安人在湖上泛舟；先前曾出現過的帳篷及背負嬰兒的印地安婦女又再度在左上角出現。特別的是，以前她會主動向我說明所排的內容，但在上盤之後，她不再說明，而我也不再詢問任何問題。

　　有時沙盤左邊及下方的場景代表著潛意識，右邊和上方則代表著意識，這雖非一成不變，卻也是個有用的參考依循，在此亦然。左下角流進的河流似乎代表著來自潛意識的能量進出內部核心區。

　　Ida 第一盤被視為問題解方的地區排了印地安人，這次這代表迎接著她個體化過程的里程碑之區也是有印地安人。但介於其間的四十五盤卻沒有印地安人排放在這個地區，更凸顯第一盤沙與十五個月後的這一盤之間的關聯。

　　下一盤也與這盤相似，連接左下角與中央水池區的河流上有泛舟的印地安人；但兩盤仍有小小的但顯著的不同。這次 Ida 放進一塊看起來像大石頭般的漂流木。這塊木頭也出現在接下來的二十次沙盤中，我認為它提供 Ida 某種固定堅實感。

　　接著的下一個沙盤，Ida 首次只排動物，而沒有任何人類出現。這也是 Kalff 所謂的動植物階段（the animal vegetative stage）或自我發展的初期（Kalff, 1980, p.32）。這退至發展初期的明顯退化與 Ida 進入感性期的時間不謀而合。現在她能讓事情自然發生而不需強加控制。

　　之後，Ida 又開始把人偶排入沙盤，除了泛舟的印地安人之外，還有潛水的女孩。這個女孩只在第一次的沙盤出現過，之後就鮮少出現但在這之後的沙盤又經常出現。此外在後面二十個沙盤裡常出現的還有一個趴著的女孩及身旁坐著的男孩。她常坐在漂流木「盤石」上，他們可能代表著 Ida 年輕的男性特質（剛）與女性特質（柔）從一穩固安全的地方觀望。Ida自評道：「好像他們正在看一個神話。」剛柔相伴首次出現在 Ida 的沙盤。同樣地，也可看出最後階段的沙盤與第一盤的關聯，仿佛 Ida 或部分的她（由潛水女孩為代表）已走出隧道，到達彼端。

　　在這幾個沙景中，Ida 首次使用橋樑連結水域、溝渠和陸地。橋樑和溝渠代表著自我各部分的結合。對 Ida 而言，也許陸地之間的橋樑整合了她的意識部分，而水域間的溝渠則連結著無意識的部分。

　　下一盤沙的中央是個大沙堆而不是水池，沙堆的四周圍繞著水，一個山脈島嶼，如同從潛意識中竄起的自我象徵。一艘東方船取代了印地安獨木舟；在圖 30.2 被 Ida 掩埋而重找出來的男女也在這兒，也許她是在比較已婚的她與潛水女孩所代表的單身的她。

　　另外，Ida 在沙盤上排放了幾棵樹，樹代表植物的成長，生命的

象徵。自從她做她「單獨出現」的沙盤後，樹便常出現在後續的二十五個沙盤中，這與先前鮮少的樹景截然不同。事實上，在早先以智性為主的沙盤，Ida 幾乎不使用象徵的意像，即使使用，也是在刻意營造的方式下進行。

在下盤，Ida 又在中央造了一個水池，接下來的沙遊裡，她都會在中央造一個水池，這種現象一直維持到結束的前三盤為止。她注意到東方船有裂痕，於是從家裡帶黏膠來修補它。修船之舉似乎與修補其心靈有異曲同工之妙，或許它也意味著修復旅途所需的交通工具。之後的兩次會談後，她竟自行開車來我工作室。這是她幾個月來第一次可以單獨行動。

在接下來的沙遊治療中，有一個重要的新添物——寶物。起初，Ida 把一些土耳其玉和三個彩珠放在沙盤左角的樹和石頭旁，她說土耳其玉是寶物，右邊潛水的女孩想要得到它。後來，女孩移到左邊，她的身邊圍繞著土耳其玉和彩珠。

下盤（見圖 30.5）寶物仍聚集在女孩身邊，而在池中央出現一艘紅筏；她在水中的交通工具從印地安獨木舟變成東方船，又轉為紅色竹筏。筏有兩種象徵價值：它使她浮在水上，避開潛水女孩迷失在潛意識的風險；但坐在筏上，她非常接近水面，幾乎與水一體，不像坐在船上會有的隔絕與隱閉。此外，竹筏的紅色意味著 Ida 緊抓著日益

圖 30.5

強壯的情感功能。

母牛、公牛和小牛一起站在樹旁的右方，這是第一次完整的動物家庭（父母、子女）同時出現，再次證明 Ida 擁有內在更安定茁壯的情感功能。接下來，母牛和小牛換成母馬和小馬，也許這代表母職從怡然自得轉換成活力充沛。男偶和女偶第一次分開擺放；女偶被擺在沙盤右上方，身旁尚有新娘、擠奶少女及女巫。而男偶則在右下方，伴著騎在馬上的武士。在情感功能茁壯後，女性特質呈現多元，一個強壯的阿尼瑪斯（譯者註：女人內在的男性原型）出現了。

下盤一日本藝妓出現在盤底部，Ida 稱這藝妓為「女性之神秘」；此後她不斷出現在沙盤中，由底部竄升到中央，最後被排放在沙盤上方。在這盤，紅筏已靠岸停放，已完成任務，此後就消失無蹤。此外，在這盤沙，Ida 第一次排放貝殼（通常象徵女性原則）及水井，提供潛意識所需的滋養管道。小屋及屋前停放的車說明著男性及女性的併合。

接下來的數盤沙都與這盤十分類似，Ida 在完成這盤沙後，做了罕有的表示，她說：「左邊看來好像是屬內在、真實的，它比較完整穩固；而右邊比較屬外在，它不斷在變。」Ida 不是有意要讓左右看起來這樣，她只是注意到左右的趨勢，一些重要的東西已然成形，不需她用覺察的判斷或決定，她只能任其自然生成。Ida 還在盤中加上貓狗坐落於由水池中伸出的石塊上，家居動物意味著 Ida 更深入地投入其直覺和情感部分；貓狗在接下來的四盤中陸續出現。

在圖 30.6 的沙遊中，Ida 造出一由水池往外並朝向右邊一對男女的河流，河流上放著有印地安人的獨木舟，與圖 30.4 流入的河不同。下次見面時，Ida 說她不喜歡上次河向右流的位置，好像她害怕會提早讓某些東西從聖潔的內部離開，進入現實的外在世界。但以她建造往外流的河一事已證實她應付外界的力量漸增。

圖 30.7 的沙盤中，又見到中央的池，在池邊的斜坡上，有羊和小羔羊，往下朝著水池，隱喻著在不太平穩的往外走之後，又有自然能量的滋潤。左邊有一騎在馬上的武士，他以前出現時，都是放在右方

圖 30.6

圖 30.7

的位置；通常右邊被視為更具入世意識的方位，而將武士往左移，代
表移往潛意識的一方，Ida 已開始將她過去向外投射的阿尼瑪斯內化
了。也許她不再那麼依賴她生命中的男性了。

　　同時 Ida 的醫師建議她做另一次子宮內壁擴張及刮除術，希望以
此來取代子宮切除術。五年前 Ida 也做過同樣的手術，當時她的精神
崩潰，如今她卻能平靜以對。在她手術的當晚，我去醫院看她，她的

圖 30.8

反應良好。

　　當 Ida 再返沙遊治療時（圖 30.8），她排的沙盤與開刀前五天所排的沙盤非常相近（圖 30.7）；唯一的不同是手術後的沙盤，她放置了自己、三個孩子及先生。手術可能被視為威脅其育兒器官，因此她把自己生育的三個孩子都放進沙盤，以證明她對自己女性特質的欣賞。

　　中央的水池有穩定 Ida 內在生存本質的功用。在手術後第一盤沙，她沒有造湖，因她沒有呈現手術後不良的心理，她已經發展出一個安全的內在女性。

　　下面兩場沙景幾乎完全相同，兩者的中央都已被一個大沙堆來代替。圖 30.9 的寶藏在山頂，山腳則是代表 Ida 的新人偶（潛水女孩已不再出現）。沙堆的左上方，有個拿鏟子的女孩蹲在兩個工人旁邊。Ida 一家人（包括丈夫和三個孩子）再度出現在右方的樹後，左下角的山腳則有坐著的男孩，及躺著的女孩。

　　然而，在這很類似的第二常景圖 30.10 中，兩塊土耳其玉在山腳的左側被人找出來，其中一塊玉放在手拿鏟子的女孩旁；另一塊則放在男孩和女孩身旁。Ida 那正在發展的年青部分已得到寶藏了。她們無須攀登高山去取得。

　　最後這兩盤沙的相似處是說明個案潛意識「銘記」沙景的最佳例

圖 30.9

圖 30.10

子。因兩盤有太多相似處，根本不可能是有意識的記憶能做得到。相同的銘記也發生在 Kathy 的兩場聖嬰誕生景（見圖 28.4 及圖 28.5）及 Sam 相隔十年的兩盤沙中（見圖 22.1 及圖 22.2）。Ida 許多聖湖的沙景也顯現同樣的現象。此外她手術前後的沙盤（見圖 30.7 及圖 30.8）除了加添孩子外，幾乎一模一樣。她的兩盤山景也幾乎相同，除了其中

圖 30.11

一盤的山腳有寶藏外。我認為這種現象表明沙遊有能力連結潛意識，且持續與它保持關係。

在 Ida 最後的沙盤（見圖 30.11），她把過去七十盤所用過的所有人物幾乎全排上了。中央上方是她在家裡自己做的（無頭手）軀幹（代表著她自己），正對面是女巫。從軀幹往右分別是修女、潛水女孩、警察、騎單車男孩、三位日本女性、藝妓、武士、女巫、羅賓漢、印地安酋長、身負嬰兒的印地安婦人、神父、少女、擠奶少女、蹲坐少女、趴著的女孩、坐著的男孩、男人、女人，仿佛她把自己內在的全部男性和女性及生命中重要的人全都帶進來整合為一。此外，盤內三個角落有成對的動物，左上角的樹下，則有一群羊家族。整個盤上物件呈現的形狀是正方四角內套圓形──一個曼陀羅，完整的象徵，Ida 已到達她沙遊旅程的終點站。

但前面仍有磨難挑戰著 Ida 的情感和體能極限。在她做完最後沙景一個月後，她大量出血，被迫在半夜緊急切除子宮，隔日我到醫院探訪她時，她望著我說：「我沒事。」

兩天後，我再去醫院看她時，我們已有五個禮拜未見面了。為了

準備即將到來的假期，我安排 Ida 在我不在時與另一位治療師會談。當我結束度假返回工作崗位後，她告訴我她生活得很好，已成功地切除子宮，手術後與我分離一段長時間，這些在在證明她有堅強的新韌力。

在這之後，Ida繼續做幾個月的口語分析以穩定她在治療之獲益。有時我們會回顧她的沙景，使語言與非語言的二層治療層次結合。還有，五年多的治療之後，她終於結束了與我的工作。

在 Ida 結束治療後，我還和她聯絡過幾次。她不僅維持治療之受益，而且過得比以前更好。她結束了雙方都不滿意的婚姻，搬到外州落腳，修課為未來待遇優渥的工作做準備；她繼續和三個孩子的關係親密。在最後一次聯絡時，她告訴我她已完成了自傳，換了工作也得到了更高的學位。

在她做了「獨立中央」盤後的二十六次治療裡，到底發生了什麼事？我相信這證實沙遊不僅描繪出當時的發展階段，沙遊本身就是一種治療方式。推沙加水的行為、重複排列相同的背景、添加相同的人物、使用更多女性的象徵、變換重要人物的位置、「挖出」「被謀殺」的人物、「更換」出口的溝渠，這些沙遊的經驗幫助 Ida 治癒。她做出不少幾乎完全一樣的沙景，仿佛神聖的印記在她潛意識的心靈領域延續著。

在沙遊的第二階段，Ida 在排完沙盤後，我們談的不是她剛排的沙盤或她所做的夢。我們談的是如何面對日復一日的外在事務──先生、孩子的活動、探望生病的父母、與姐妹間的誤會、單調的家務事、性幻想與現實、宗教及她對我的感受等。我們也常討論她讀過的著作和所寫下來的隨筆。我們之間的這份關係起初是支持，後來是強化她的自我。而不同層次的分析工作在沙盤發生了。這兩個層次同時進展，卻不需要有直接的言語溝通。

Daro Kalff 看過 Ida 兩階段（前四十四次 Ida 會主動與我分享沙盤的內容，而後二十七次則沒有溝通）的沙遊照片後，寫了封信給我，

以下是直接的引述：

> 　　我認為有趣的是前面的四十四盤沙遊照片所表達的反而比後
> 面的二十七盤少，雖然在後面的二十七盤個案幾乎是沒有任何說
> 明與解釋。這情形正好而證明我所謂「『默默的了解』（a silent
> understanding）凝聚了下個步驟進化生成的時刻」。但這個案開
> 始時的言語分析大概使她經驗到，解析沙景是介於語言與非語言
> 分析的中介狀態。

　　此外，中央湖泊的象徵價值在 Ida 進步的歷程占重要的角色。自
一開始，中央的湖就是子宮，它代表的不僅是 Ida 實體的子宮，更是
她內在靈魂的中心、分析的儲藏庫、通往潛意識之路。而它所代表的
性含意也很重要。起初湖有進入的水道，意味著受孕，後來它被改成
流出的水道，則代表 Ida 過早出生的經驗。

　　總之，中央的湖是代表 Ida 深層內在的中心，一塊孵育自我的聖
地。但她對此反而保持緘默，完全不像她在第一階段沙遊治療表現出
來的多語，而且她把實物放在湖內及四周，而 Ida，正如我對赫斯提
雅女神和雅典娜女神（Hestia and Athena）研究所顯示的，大部分女性
需要與她內在的自我連接，且需避免過分把全力用在自身之外；只要
女性的內在得到肯定，她會再度勇往前進。我認為 Ida 後面的二十六
盤沙遊治療即印證這個過程，或者應該說，它們就是這個歷程本身。

　　Ida 子宮內壁檢查手術（DdC）之後的沙盤內容（見圖 30.8）與手
術之前的內容幾乎一樣（見圖 30.7）。這沙盤的連續性反應出不管外
界如何，她已找到內在的連續性與安全感。

　　在此之後，Ida 不再造水池了，她開始造山──另一個不同的形
體。在下海上天之後，她已準備建造最後的沙盤（見圖 30.11）。一群
人安駐在地球表面，一個景區中並有四方周圍的圓形代表她所獲得的
內在完整。她已能夠在外界占一席之地，而不必擔心危害到她已尋獲
的內在聖地。

附錄：Ida 的來信

親愛的 Bradway 博士：

週五我就收到你的書稿，拜讀再三，即刻動筆告訴您我非常喜歡大作。我自行影印了一份留存希望您不介意。

你說的是事實，我同意你的觀點與敘述。有幾點當時我們沒有談到，但現已豁然開朗。其中之一就是你談到的精神病發一事。從來沒有人敢這樣對我明說，我也高興當時他們並沒有這樣做。這對我是比較好。但現在我倒高興知道了實情，讓我更了解那段日子自己所表現的非理性。如今能把整個事情看清楚，做個了結，是很棒的事，因它原本就是如此單純。

由你研究我的沙盤世界是我的榮幸。我很高興我個人學習不少——從你所看到的一般圖像及各種人物、創造物所表現的象徵意涵。

我同意你說——沙遊是心理治療。我認為沙遊絕對有助於療癒過程。它將內心世界呈現在外，有助於觀察、評論、自知，引導到最終的改變。在第四十五盤當我獨自佇立沙盤時，我完全知道我到不了那裡，所有的沙景重複著同樣的主題，我也知道這不是我要找的答案。我放棄再嘗試了。我覺得好累，感到完全迷失，當時真感氣餒，徒勞無功。只是那時不明白自己的思考太過理性，卻深刻體會到自己白忙一場，毫無結果。沙盤讓我在短時間裡見識了各種理論；若沒有沙遊治療幫助，我恐怕不能到達今天的地步。

第三十一章

Ilsa：五盤沙的旅程

　　有兩種情況會讓沙遊歷程變為稍微複雜而且怕會對歷程有影響。其中之一是當個案有兩位治療師時，通常個案一直以來接受一位治療師的口語治療，現又接受另一位的沙遊治療。這對個案及兩位治療師會產生什麼問題呢？如果有好處的話，又有哪些好處呢？

　　另一個問題是當沙遊治療的次數有明確的限制時，若沙遊治療的次數極少時，是否對治療歷程有害？在只有幾次的治療裡，又將發生什麼事呢？

　　Ilsa 的情況正符合上述兩種情況。她是由一位容格學派的同事轉介過來的。因 Ilsa 要求治療要增添不同層級的輔助歷程，但這位同事不做沙遊治療。當我和這位同事做簡短討論時，她說他們前幾個月的分析重點是放在日常瑣事的問題解決上，較少潛意識的分析；她希望沙遊這種非語言分析的方法能鼓勵內在深層動力的運作。我們兩人同意 Ilsa 將繼續口語分析；但在 Ilsa 和我工作期間，我和她的心理分析師都不會針對她的案子交換意見；在沙遊治療結束前，她和她的分析師也不會討論沙遊發生的歷程；直到沙遊治療結束半年後，我們三人才會聚在一起討論沙遊幻燈片。

　　從一開始，Ilsa 和我就知道我們將只進行五次的沙遊治療。我一直認為一個人若有很強的動機時，他們總會想辦法把握關鍵時刻，善加利用它，Ilsa 的情形也是一樣。數年前，她接受過沙遊治療，因此對它有好感。雖然她對目前這位心理分析師很有信心，但因感到陷入泥淖，想試試沙遊治療是否有助益。

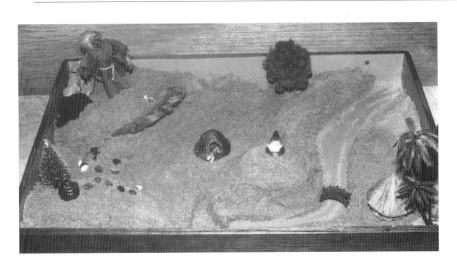

圖 31.1

　　Ilsa和我利用第一次會談的時間了解彼此，並做會談的相關安排。我相信沙遊治療應在舒適的共移情（co-transference）建立後才能開始（這可能不止要花一次會談），因個案在「自由安全的空間裡」，才能充分信任，這也是沙遊治療成功的關鍵。也許我和Ilsa對她的心理分析師都有溫暖信任的關係，因此我們很快就建立起融洽的關係。

　　第二次會談，在短暫交談後，Ilsa 排了第一盤沙（見圖 31.1）。她把濕盤加上水（整個過程，她只使用濕盤）。她在盤右方做了一水流，並在中前方用沙堆堵住了水流。這讓她十分感傷，她說：「它停住了。」半年後，當我們三人相聚討論這時，才認識到水流的突然消失正像 Ilsa 對生命已不再懷抱熱情一樣。

　　一個白髮骷髏頭，身穿和尚裝，手部帶爪的人物控制著整個沙盤。Ilsa說：「他看起來有點恐怖。」我心裡認為這和尚似可代表Ilsa心中所認為殘惡的繼父。但我沒告訴她，因為我通常在沙遊治療過程中，不會當下就告訴個案我內心的想法。事後，Ilsa 表示那個「瘋和尚」代表的不只是她繼父，它也代表她與她的女伴偶爾出現的火爆關係，甚至可代表她受挫的心靈感受。

　　她在瘋和尚的背後放了一塊黑曜石及同樣大小灰白相雜的石頭。她把黑曜石視為是她的本命石；白羊星座（她是）的人，她特別被火山石的火吸引。她說這可能代表當她與野人抗爭時，應該更主動些。

　　在「瘋和尚」的斜對角（即盤右下角），她放置了一間非洲茅草房及數棵椰子樹。這個角落對她而言，是一個寧靜、安詳及聖潔的地方。又有一種女性的，溫暖及會包容的特質在其中。之後她在屋前蓋了一座橋，企圖連結或超越兩斜對角落所代表的對立的特質。

　　之後，Ilsa 把陶烤爐放在近正中央處，有一頭豹正自爐裡跨出。Ilsa 認為陶烤爐是「真實」而且「重要」的，而豹「並不嚇人」。它代表走出女性包容器的動物能量，女性侵略性的展現。

　　在正中央上方，她放置一棵秋樹，她認為這裡是事物的消逝地，同時也是事物的發展醞釀地。稍後，她被一個金字塔型的水晶吸引，她把它放在沙堆上，她說：「它很像哨兵塔，不是用來保護之用，只是用來感覺及探知。」她把金字塔和直覺的治療力聯想在一起。也許這正是她對本我呈現的期望吧。

　　Ilsa 把蛇纏繞的宇宙蛋試放過幾個地方，最後安置在左下角。當我們在看這一段的幻燈片時，我告訴她有關宇宙蛋的傳說：Euronome 豐饒女神（goddess of fertility），她在分割海天之後，隨潮浪起舞，後遭巨蛇 Ophion 強暴，之後她化成鴿子生下宇宙蛋。Ophion 巨蛇圍著蛋盤繞七次後把蛋打開，地球於焉產生。

　　我認為Ilsa使用宇宙蛋企圖與更深沈的潛意識接觸。稍後，Ilsa加了一棵銀色的樹，她說這樹像水銀，是地下的元素。她企圖走進更深層的內在，令我印象深刻。她也把許多彩色玻璃珠放入沙盤，她稱這些珠子為「珠寶」，是在潛意識裡將被發現的寶物。

　　Ilsa 最後放進沙盤的是隻幼熊，它面對著和尚的威脅，卻轉頭望向對面代表母性和聖潔的非洲茅草屋。當我們事後看這一幕時，覺得仿佛先前所排的都是為熊對抗和尚的挑戰做準備。威脅性的和尚、聖屋、攻擊性的豹、水晶金字塔、宇宙蛋，這一系列將導入小熊挑戰有支配性，危險的和尚的場景。

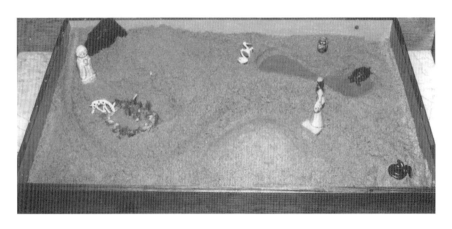

圖 31.2

　　Ilsa 的第二盤沙（見圖 31.2）有兩個轉化：左邊的熊變成湖邊喝水的鹿，瘋和尚不見了，由地藏王取代，地藏王是（日本）保護孩子的神。左上方仍是 Ilsa 的本命石──黑曜石。斜對角乃是被飛蛇纏捲的宇宙蛋。這景象代表天（飛蛇的翅膀）、地（蛇）和水（隨波浪起舞的女神），再加上黑曜石帶來火的元素。因此全盤四個角分別代表天地水火四個不同的元素。

　　右上方的池子讓 Ilsa 想起無限的符號 ∞，她在池邊放了些物件──烏龜長壽或無限的象徵；兩隻犧牲自我的鵜鶘（根據傳說，母鵜鶘會啄破前胸取血餵食幼雛）和一個中美洲的神祇。

　　中央右下方有一名俄羅斯少女，Ilsa 說她是「堅強、沈思的」，她似乎正繞著沙堆走。沙堆下方是一塊黑白相間的石頭，常象徵著「整合」。由於石頭埋在沙裡，代表日前整合雖未完成，不過相當有潛力。

　　第二盤沙有相當的進展。最重要的物件都是與靈性或神聖：地藏王有關，保護孩子的男性神祇，他取代了威脅人的和尚；飲水解渴的小鹿它取代了勇敢卻孤軍奮鬥的小熊；右上方的中美洲神祇，它能監看全場。

　　Ilsa 下場沙盤（見圖 31.3）把母子連結體的形象帶了進來，如池

圖 31.3

塘邊抱著孩子的愛斯基摩母親。它也帶進男女結合的主題，或者是父母親的結合，正如左下角隱約可見的一對狼。狼為了延續後代而結合，它們是非常好的父母，這是 Ilsa 一直沒機會得到的。最後她在這些物件旁邊放上種子莢「象徵」新生命的開始。

　　Ilsa 說右下角的惡魔，不像瘋和尚，沒有威脅性，「他只是假裝可怕，但事實上他並不可怕。」嬰兒在母親的懷裡十分安全，地藏王就在他們右上角，它（地藏王）也不怕惡魔，「因為它能看透惡魔。」

　　池塘的形狀看來有點像種子或腎的形狀，代表新生的潛能（種子）或製造水的器官（腎）。Ilsa 認為那位在右下角蜿蜒滑入池塘中圓突頭型的蛇有某種精神層面的象徵。Ilsa 後來把池塘看成一個集中地，蛇滑入水的動作已解開（即在第一盤中）阻塞水流的滯留狀態。

　　有一節梯子橫跨凹陷的沙地，Ilsa 說這地方像「坑」，她放進白色貝殼和黑曜石，兩種對立的組合──黑與白，水與火。當我們回顧時，她解釋道：「這是第一盤寶藏的藏放地點（見圖 31.1），現在變成人人可看到的開放傷口。」坑需要被「層層挖開」，才能找到真正的寶藏。乾河床橫放的梯子形成十字架的形狀，也許它代表 Ilsa 必須背負的十字架──正面、負面情感的十字架，直到她經歷了母子一

圖 31.4

體及男女結合後才可能得到解答。

　　一匹白馬頭朝著梯子，Ilsa 原本把馬放在左上角，即第一盤小熊的所在地（見圖31.1）。但在放完所有物件後，她又把馬移到乾河床首，這也正是她在第二盤放鹿的地方（見圖31.2）。上面的三種動物代表著她「英雄之旅」中自己的化身。第一次她是隻小熊主動對抗可怕的和尚，之後她是隻受保護的小鹿，為自己取得充分的養分，而現在她是一匹馬，面臨最後的挑戰，即坑所代表深深的傷口。

　　白馬結合了動物的本能和神性。靈性或神性的認識必定來自於本能而非頭腦。那好像擋住了路的梯子，卻有橋樑的功能，提供連結及橫越。

　　在Ilsa的第四盤沙（見圖31.4）又本我（Self）又再次呈現了。盤中央的松樹從圓形貝殼中長出，自然的本我從女性源頭生出。地藏王和白馬都望著這棵中央的生命樹（即松樹）。地藏王站在黑曜石為底的基台上，而黑曜石正是 Ilsa 的本命石。地藏王的右邊，原本在第二盤被藏著黑白石的地點，寶藏被挖出來了，那就是金幣。（見圖31.2）

　　當 Ilsa 在一開始塑這盤沙時，她說這正好像一隻大蝴蝶。所以沙盤的背景是蝴蝶──象徵著心靈，靈魂，及轉化。那正是呈現本我最

圖 31.5

適當的背景。

　　之後，當我們一起回顧這張幻燈片時，我們都靜默了幾分鐘，Ilsa 的心理分析師說：「我全身起雞皮疙瘩了。」

　　Ilsa 的最後一盤沙景（見圖 31.5）完成了她這一系列的沙遊歷程。在經歷過本我呈現的神奇力量後，又回到先前所熟悉的物件。這原該是如此的。系列的沙遊治療不應以「本我盤」（Self tray）收尾。在沙遊結束前，外釋的能量必須被紮根及整合。

　　Ilsa 第一盤的小熊（圖 31.1），現在是被放在左邊中央的小筏上，此筏可遊歷沙盤任何一角。除底盤中央外（也就是第一盤被堵住的河流口處）所有的水都已連接著了。並且所有的土地也都連接起來，下側角落的兩塊陸地則由兩座橋連接著。左邊的橋是 Ilsa 在第一盤時用來連接可怕的男性和溫暖的女性。右邊的橋是由沙幣貝殼做成的。沙幣貝殼背上之星星圖案，象徵著海天的連接。

　　第一盤出現過的豹、第二盤的日本地藏王和中美洲的兩個神祇（圖 31.2），在此均再度出現。這兩位神祇面對面相望；它們是以三個台階連結。Ilsa 把這一段連接二位神祇的路徑視為一種新的關係；

可能是連結東方與西方、內在與外在世界、靈性與具體層面的關係。

在步道的每個台階上，Ilsa 放了一枚金幣，這些金幣是本我出現時帶給她的財富。地藏王兩側有繁茂的樹──一棵巨大的長青樹和兩棵開花的樹，取代了第一盤的秋樹。重生出現了。

沙盤基部是個大烏龜。Ilsa 在看了烏龜形狀後，說起過去她常蒐集烏龜，她認為烏龜的象徵能幫助她紮根於具體現實，補償她本來比較優越的直覺。上盤（見圖 31.4）的沙景像蝴蝶，有轉化的象徵意義，而在這最後的一盤，Ilsa 似已為自己的生命和心理分析建造一個新的且更為堅固的基礎。

在整個沙療結束後，Ilsa 去東方旅遊，後來她告訴我這過程中一個深具靈性的經驗。她覺得在沙裡面的旅程為她準備了這次她所做的外在之旅。

Ilsa 的案例說明在非常情況下，沙遊治療也有可能成功。個案能與一位治療師做心理治療，而同時與另一位治療師做沙遊治療，且沙遊過程是短暫的，只限定幾次而已。

同時進行的兩個治療並沒有後遺症產生。而且我對 Ilsa 所知甚少，沙遊治療仍能持續進行。我尊重 Ilsa 和她的心理分析師的主體關係，也覺得沒有必要詢問太多有關她生活的事。雖然有時她會主動告訴我一些有關她自己生活狀況，但是，雙層的過程（言語及沙遊）都是各自獨立運作的。半年後，當我們三人再聚，討論沙遊幻燈片時，Ilsa 的分析師感謝我提供的沙遊治療過程。她也表示回顧討論幻燈片幫助她了解 Ilsa 心理分析裡產生的點滴。

我的結論是這種雙重治療的分析是可行的，尤其當個案和兩位治療師的合作關係建立在信任上，加上「不干擾政策」（a policy of non-interference）允許沙遊治療在沒有過度審察下，自然地展開。

在沙遊治療有限次數的限制下，我認為個案動機的層次是成功的關鍵。但我不認為一個人隨隨便便想做沙遊治療，就會成功的。個案必須要有真正的需要；正如 Ilsa 的例子，她覺得被困，主動提出需要

另一種治療法輔助她的心理分析治療。

　　四、五次的沙遊，可視為「迷你歷程」（mini-process）。如有某種單個問題需要解決，像 Ilsa 的案例，迷你歷程就可能很有價值，特別是如果它們能發動並維持深層潛意識的轉化能力。

第三十二章

Irene：從沙遊進入生活

製作沙盤是一種積極的想像。它邀請無意識參與有意識的活動。在每一次製作過程中，個案有機會整合更多無意識進入意識；隨著一次又一次的整合，個案邁向成長之旅。

在沙景系列裡，我們可以看到這種成長和邁進，尤其是當我們觀察到某些物件持續重複地被使用時，或當我們研究到某些主題正被呈現，或者注意到沙盤某些主要區域上的改變。

仔細觀察連續沙盤某些特別地方的改變能幫助了解後續心理發展的軌道。

為了要說明在真正臨床上的這種改變，我要拿Irene（化名）的第一盤及最後一盤做比較，之後再談她介於中間的沙盤以及她的成長。Irene 是一名二十多歲的護士，未婚。

在來我這兒之前，Irene 已和另一位分析師做過幾次的沙遊治療。圖 32.1 是她第一次在我這兒做的沙盤；她在乾沙盤的中央放置一塊大漂浮木，隨後在左邊交錯放置四塊紅色弧形物（馬戲團環形物的片段）。她在中央的柱子上放了一個女孩，左邊更高的柱子上，則站著一個女巫。Irene 之後表示這個少女及女巫都是她的一部分，但她的女性特質卻是來自女巫。之後，她放上幾棵樹、一個東方男人和女人、一條狗和右邊騎在馬上的男孩，以及一個在中央前方打開的蠔殼。Irene 說她喜歡樹和動物，但她不知道為什麼把蠔殼放上去。

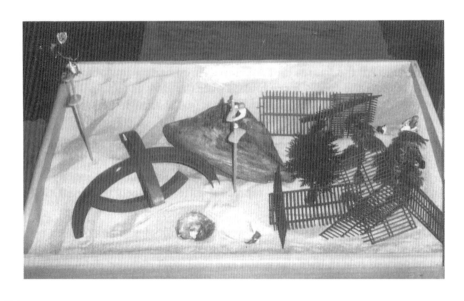

圖 32.1

　　事後我研究這盤，才了解這盤沙的內容反映著Irene沒有解開的女性掙扎。圓形，她內在女性的整合體已遭破壞。而內在負面的女性則控制著全局；女巫高高的站在柱上。然而，打開的蠔殼，另一個女性的象徵，透露著 Irene 確實有其他可發展成長的女性特質，可能在此時正從無意識中萌芽竄出。樹代表往上成長的潛力，雖然它們在這個階段都被柵欄圍住，限制了它們的開展。她對動物的喜愛代表她對自身本能的尊重。

　　在Irene的最後一盤（見圖32.2），當初碎斷的馬戲團環形物已恢復為完整的圓形，置於中央，旁邊有兩個通道穿過它。所有在通道上的物件都面向正中央。在放完這些物件後，Irene走到櫃子前面張望，最後挑出第一盤她曾用過的女巫。Irene把女巫用繩綁住，固定在沙盤的柱子上。她說：

　　　　女巫是最後靈機一動擺上的。其他的人來這兒是要決定如何
　　處理這名女巫。女巫是我內在邪惡的部分。這有點像退化，但又

圖 32.2

　　有點像把自己整合了。其他的人物代表我已經面對且處理過之不
同部分的我自己。

　　除了第一盤和最後一盤外，Irene 在六個月之間，還做了另外的八
盤。女巫在第一盤和最後一盤均扮演著重要的角色，但卻在中間的八
盤沒出現。馬戲團的環形物，那在第一盤是破散而在最後一盤卻是完
整的圓形，卻常重複出現。這環形物的斷片在八盤裡就出現過五次。
第一次它們是直立的三塊弧形，之後是分裂開的兩個半圓。第三次它
們形成正圓，卻沒置中。之後，這正圓已被置中，部分卻被覆蓋著。
這之後，這正圓則被放在沙盤後邊的角落裡。Irene 持續用這環形物的
斷片來做不同形狀的結合，直到最後一盤，成為置中的正圓，有進出
的通道。這就像她的心靈一直與那代表完整的象徵進行實驗，直等到
它進入最後的中心感。
　　在 Irene 的沙遊治療過程中，建立與自我女性的深厚關係與發展男
女關係都具同樣的重要性。在早先的沙盤一景中，一個女人獨坐在一
個豎立的弧形物上，一男人要前往營救，企圖把她帶到有貝殼的花
園。在此，男性扮演著保護者的角色，幫助女性找到內在隱晦的女性

特質。之後一個女人坐在置中的貝殼，之後的兩盤沙景中都有一男一女坐在一起，卻彼此沒有任何互動。在這之後，一男一女一起走向橋。那裡有危險，但有燈指引他們。然後一男一女置中的坐在一起，而在他們之間的桌上有一貝殼。之後一男人搭船而來，打算爬上高柱，取下貝殼，交給井邊的女人；他們一起把貝殼置入井內，因井裡「比較安全」。最後一景是許多代表陽性與陰性的物件聚在一起，商討要如何對付女巫。

在她做最後一次沙景的前次治療時段，Irene告訴我，她終於可以對與她同居的男子告訴他她愛他的事實，她真的很愛他。數月後，他們結了婚，她也結束了沙遊治療。

對於 Irene 女巫，內在負面的女性，扮演一個重要的角色。Irene把她看成是隱藏在內的女性力量，Irene知道她必須變得更堅強才能掌控這可怕的女性力量。她從失衡和破碎中經由沙景，走向更有平衡，更有中心感的內在心境。在沙盤裡，我們也看到 Irene 男女關係的改變。起先，Irene分隔男女；稍後，男女能夠合作與互動。同時，她真實生活裡的真實關係也開始逐漸改善；當她向未婚夫表達愛意時，是她最大的「突破」。

沙遊提供給我們Irene旅程的視覺記錄，也提供她本人活出自己旅程的一種方式。改變是先發生在想像中，之後才進到真實生活裡。

第三十三章

Rhoda：往靈性追尋

　　囿於短暫治療的限制，有時心靈反而用完整的沙遊歷程來回應。過去我不相信完整的療癒會在這麼短的時間內發生，因通常心靈的回應或治療需要數月或數年方能成形。但它確實發生，仿佛沙盤放置了心靈藍圖，供未來建設之用。

　　上面我所說的限制，必須是真實的限制，不是那種「我們看看五次沙遊能做些什麼。」但是個案從外地來，只能稍作停留，或我即將退休，一個沙遊過程可在令人意外，非常短的時間內完成。當現在保險公司常要求短期治療，令人鼓舞的是，有時沙遊治療確實能在數次會談之下完成的。

　　從一開始 Rhoda 和我就明白我們合作的時間不多；我們協議只做五次沙遊治療。我們每個月或隔月會面一次，延續有八個月之久。在她完成最後沙景之五年後我們最後一次會面來回顧全部沙景的幻燈片。

　　Rhoda 初來時，近四十歲，她和女友同住數年，透過人工授精生下一女嬰。她是在助人專業領域內工作。

　　Rhoda 認為自己的母親是個好母親，但媽媽能給她的時間不多，因她要照顧其他三個孩子。Rhoda 對父親不覺舒服。她是家裡四小孩中最小的孩子，她和哥哥較親，和兩位姐姐較疏遠。

　　Rhoda 在十初歲時，父母離異；她與母親同住，一直到上大學才搬離。她的父母在各自獨居二十五年後，又分別成家。Rhoda 的父親是猶太人，但她卻被教養成貴格會教徒（Quaker）。之後，她離開了貴格教派，而在我們第一次會談時，表示她對「異教」（「pegan」）較

有興趣。

Rhoda 第一盤沙（見第二十一章第七盤）主要的特色是在右上方排成行的四匹黑馬。她說馬身後角落的透明水晶和藍色玻璃球（置於銀螺旋物上）代表生命中的心靈部分，她感覺這些馬在護衛著這塊靈性聖地。

我感到奇怪為什麼她需要這麼多力量排列串聯來保護靈性呢？這些馬究竟是要保護她的靈性抑或阻止她接觸靈性呢？也許馬兒代表的是頑強的阿尼瑪斯（animus），它以某些方式阻礙她接觸深層的本我。Rhoda 說靈性一直為著她而在那裡，但她並沒與它有深層的接觸。日常瑣事占去她大部分的精力。

水晶及玻璃珠旁的鮑魚殼裡面裝著破碎的蛋殼及橡樹核，我們日後回頭看這盤沙時，Rhoda 說碎蛋殼代表她過去所犯的錯誤。當她在排這盤沙時，她認為自己是個失敗者，那時她還不知道自己的潛力。但在珍珠光彩的鮑魚殼內的橡樹核暗示女性內部的新生命成長出來了。

左上角有一個運動員站在哭鬧的嬰兒旁邊。Rhoda 認為這嬰兒正是自己的小女嬰，那時這女嬰很會要求，很困難照顧，也很會鬧脾氣。運動員則代表 Rhoda 和嬰兒搏鬥所需的力量。事後回顧這些照片時，Rhoda 認為盤中人物的比例恰巧反映現實狀況；對她來說，女嬰非常巨大，她則非常渺小。顯然，她和孩子之間有類似權力鬥爭正在進行著。

Rhoda 認為嬰兒下方的黑面具是她自身的憤怒。她解釋：「那時我才發現自己的憤怒，我一直沒有辦法處理憤怒，總覺得自己一定要為孩子和家做很多犧牲才行。」

Rhoda 認為面具下方的北極熊在保護著小海豹。但因為知道北極熊是獵食海豹的，我懷疑她是否相當矛盾，一方面想保護孩子，但有時又想懲罰她。事後回顧時，Rhoda 說北極熊是她長成後的自我，而海豹則是她童年的自我。她看到自己的內在兒童與自己女嬰的關聯，對母親們來說，是個有用的領悟。

稍後，Rhoda 在盤中放了一棵樹。或許它的植物能量能幫助緩和

這些睹塞著的馬匹強大的動物能量。她將一個半成人形的小人放進獨木舟內，她說這個人就是她自己，想要外出遠遊，卻不知何去何從。然而導向靈性的橋就立在那兒。Rhoda也知道獨木舟上的人只要過橋，繞過馬匹就能到達靈性聖地。

橋連接著靈性，那是Rhoda因忙於照顧孩子而忽略的部分，也是造成她目前的問題的來源。橋要如何連接這兩部分呢？她管教孩子所需的堅強力量，如今卻背叛了她，使她不能直接接近自身的靈性。她必須從那開放且容納的女性物質穿走過去。這可怎麼發生的呢？

我們來看看下面四盤重點主題的改變，就可以知道它是怎麼發生的：

1. 男性力量的柔化。
2. 女性變得較堅強。
3. 親子關係，無論裡與外，均較愉快。
4. 她有更多的管道來接近靈性。

開始做下盤沙之前，Rhoda 站在放物件的櫃子前約十多分鐘，檢選不同的物件（見第八盤）。之後，她做了一個高高的沙堆，在沙堆上置了一座廟。回顧時她說這座廟是一個中心點或進入將發生之事的通道。這證實她已經與自身的靈性有更多的接觸了。

Rhoda 在第一盤有連接載然不同領域的橋，而在第二盤時轉成一種中心感，這種順序符合我以前對橋的先後順序觀察的研究。以前我忽略了這點，直到寫這份報告時才警覺橋之後接著有中心感的順序。每次回顧沙遊過程的沙圖時總能看到一些新的東西，真奇妙！

Rhoda 把右下方進入一些圍成一圓圈之物件的五個石塊看成是她沙遊治療的進階石。倒下去的石塊代表已經結束的第一次沙遊治療，而站立的四塊石頭則代表接下來要進行的四次沙遊治療。

這些進階石進入圍成圓圈的物件，而起頭是赤陶俑，它的周圍圍著黑曜石；俑及黑曜石都是烈火煉出的，俑出自於陶藝家的窯，黑曜石則來自火山的烈火。接著是一水族組：一條魚、美人魚、二條鯨魚、一黑一白。後來，有一棟房子，它之旁有個裸女傾靠著。這圓圈

的最後是一對愛斯基摩母子，他們的身後有動物的骨骸，面前有條蛇。

Rhoda 說赤陶俑正在掙扎受苦，而五個參差不齊的黑曜石代表她所受的創傷。當時她和女伴買了新居，她擔心房價、多出的家務事及出差錯的一些狀況。她覺得自己「被壓縮得變了形」就像陶俑一樣。

美人魚和兩隻鯨魚被一截樹幹分開，她說這截樹幹是美人魚與白鯨魚來往的通道。在回顧時，她說上面的白鯨代表她的母親，是全善的，而下方的黑鯨則代表她的父親，是全惡的。樹幹部分連接著美人魚自己和鯨魚／母親呈破碎狀正如第一盤破碎的蛋殼一樣。但至少它仍有一通道。她又說她生命的任務是與**過去的她**融合。身為家中最小的孩子，在這方面，她有很大的困擾。

傾身向屋的裸女看起來像被屋子支撐著，又像懸停在屋的上方。開花的樹、橡樹子，這些新生命都在附近。它們代表著女人與家之間更正面的關係，與「被壓縮得不成形的女性」恰好排成斜對角。這與當時 Rhoda 談到的憂苦陶俑所表達的憂慮及憤怒截然不同。我學著特別觀察對角線兩端的物件。通常它們反映出衝突的兩方或目前急需處理的關係。

愛斯基摩母親和孩子，對 Rhoda 而言，代表著集體的母親──「一直追溯到人類歷史的起源。它給我的感覺是與所有原始的結合。它是我個人的母親，〔我〕和我的孩子，但同時也是世界的母親和孩子。」美人魚─通道─白鯨在愛斯基摩母子對面，代表著 Rhoda 與母親的聯繫。這種「母系」（mother-line）的經驗，從母親到她的女兒，從做女兒到成為女兒的母親，對女人而言，意義非凡。這幫助 Rhoda 加強及深化她與女兒的情感關係。

Rhoda 下一盤（見第九盤）給人的印象比上盤稍為混亂。Rhoda 注意到佇立在不同角落的四匹白馬所帶來的一些秩序感，它們取代第一盤（第七盤）排成行的四匹黑馬。而左上方的馬正從貝殼裡飲水，從女性身上獲得滋養。

右上角粉紅色的樹接近 Rhoda 在第一盤稱為靈性聖地之所在。Rhoda 說她可感受到這棵樹有宇宙的能量。又放入一些白色金字塔似

有種慰藉的感覺，它們讓她感到堅強踏實。金字塔是由三面三角形合成，頂端有個尖頂，它通常代表男性。她對這些堅實的白金塔的正面感受可能是她一直以來以為是負面的對男性感受改變的開始。

　　盤中央左上方的女蛇神正是第一盤（見第七盤）運動員所站立的地點。於第一盤的小運動員幾乎拿哭鬧的嬰兒沒辦法。而這次巨大的地母神把真實的女性力量帶進這個地方。無臂的維納斯——天上之女愛神，置在左下角女蛇神的對角線。Rhoda 另一部分的女性自我當時可能感到無助且殘缺不全。

　　Rhoda 最後放進沙盤的東西是兩個鏡子，一雙面鏡的一方反射著女蛇神而另一方反射著孔雀，另一鏡則反射著維納斯。當 Rhoda 在排這盤沙時，她說兩位女神之間的關係是重點。在回顧時，她說兩位女神代表著自己不同的面向——也許是權力和愛，而這些鏡子代表她對上述兩面向的深思。

　　左方中央的黑猩猩在打架。Rhoda 說它們代表她的憤怒，散在它們身邊的錢幣則是她對錢財的憂煩。猩猩大聲爭論著。它們所在的位置正是 Rhoda 上次放憤怒面具的地方；面具所代表的未分化且無用的憤怒已漸漸分化為勢均力敵伴伴的對質了。

　　下方正中央粗糙的珊瑚塊上，有隻剛孵化的孤單烏龜。Rhoda 是否有時想離開她的女兒或是她因經常不在孩子身邊而感到內疚？

　　左下角的巢裡有蛋，旁邊排放著死屍。也許有些舊態度需要革除，而新的正在成長之中。

　　這盤出現數個「圓形物」——巢、金屬球、黃道帶圈、鏡子、貝殼。盤中也到處可見許多正方形和正方體。方和圓都與完整（wholeness）有關。Rhoda 本人對這些形體沒有置評。顯然她不是故意有心挑選這些形狀的，它們只是她無意識過程的一部分而已。

　　下盤（第十盤）一開始時，Rhoda 在左邊堆了一個沙堆，在沙堆頂上放了一座城堡，聖杯的城堡。在回顧時，她稱之為她的孩子及所有孩子的奇幻世界中心，是個很棒的神話王國，孩子們都會在這住上一段時間。帶著玩具熊的嬰兒站在盤中央快樂地笑著。她再也不是第

一盤（見第七盤）那個哭鬧耍脾氣的嬰兒了。

「神話王國」裡的男人都是藝術家——吹笛手、瑞士號角的吹奏者、小丑和舞者。上盤中在同一位置，（第九盤）於分散錢幣中吵架的黑猩猩代表著比較傳統男性的價值，攻擊性及注重金錢，已轉變為比較是美與玩樂有關了。舞者下方手持火炬的黑人，根據 Rhoda 的看法，他能把更多的能量及活力帶進藝術和遊戲，火炬的光為她內在小女孩的部分帶來更多自覺，不會摧折它的魔力。

城堡所在的位置代替了她第二盤（見二十一章第八盤）廟的位置。Rhoda 認為城堡比廟還要真實，因人可以「住在城堡內」。城堡是雌雄同體的象徵。它代表女性，可讓人住進，同時也有男性的形象，因它是個要塞。這是 Rhoda 首次把男性與女性在沙景中結合在一起。

城堡四周有四組人圍繞：右下角——潛水女孩及周圍五人，右上角——五個女人在做「女人的工作」，左下角——四隻企鵝圍著一個大理石蛋，下方中央——母袋鼠和袋中的小嬰兒。

Rhoda 把右下角潛水的女孩看成是自己。這女孩被惡魔包圍，深感受困。她想潛更深一點，以發掘自己未曾使用過的潛力，但是障礙讓她沒辦法達成目標。身旁的障礙標誌上寫著：「學校地區」、「紅十字」、「減速」、「危險」、「停」。

右上角的女人們正做著傳統女性照顧養育的工作：肩挑水缶的女人、準備食物的印地安婦人、背著嬰孩的印地安女人、撒穀的女孩、帶著水或食物給動物的農場少女。Rhoda 認為這些女人所從事的工作生活與神話世界區那些夢幻藝術正好成對比。農場少女手指著城堡、藉著這姿勢，形成工作和玩樂兩者間的聯繫與溝通。而嬰兒好像也朝她所指的方向望去。

左下角的四隻企鵝把黑與白的顏色溶合在一起。最初 Rhoda 把黑白順序的分開（如第七盤的黑馬接著有第九盤的白馬）。之後，她把黑白同時段而區別（如第八盤黑鯨在白鯨的下方）。而現在，她把這些對立結合在一起。Rhoda 認為企鵝是守護著大理石蛋。對立的結合

有助於未來發展的潛力的穩定。

　　中央下方的母袋鼠袋中有小幼鼠，這個位置正是以前 Rhoda 放置母親和嬰兒的地方：北極熊媽媽和海豹幼兒、愛斯基摩母子及孤單孵出的海龜。Rhoda 在我們看來認為母袋鼠就是她自己，抱著嬰兒，照顧著她。起初在第一盤時，她在更高更抽象的地方尋找著靈性。但現在她才知道靈性可在母性及與孩子分享的魔力裡來尋到了。

　　這盤的紅色比先前其他盤都要來得鮮明耀眼（左右兩邊都有兩個紅色的東西）。也許在此時，Rhoda 讓自己更自由地依隨著情感的波動，無論它是來自於快樂的神話王國或挫折的工作成就部分。「五」這個數字也常出現在這盤沙裡（五個魔鬼、五個滋育的女人、中央的五個男人）。「五」通常意味著走向「完美本質」、走向完整。

　　Rhoda第一盤放的兩個靈性寶藏，在最後一盤轉放在中央兩側（見第十一盤），她把水晶放在右邊盤捲的蛇上，藍球則在左邊的湖裡。她說四片玫瑰紅石英圍繞的琥珀圈，其中的水晶就是太陽系赤熱的能量；而在邊湖裡的藍球則是月亮的冷能，它能中和太陽的赤熱。她認為自己的內在擁有這兩種能量。

　　紅白相間的小船停泊在寒藍的湖邊，藍色的蛋帶給紅色赤熱的地區一份柔和，有點像陰陽的標誌──白中有黑，黑中有白。在這盤裡，有不少圓形物──左上角白色的蜘蛛網，右邊的茅草屋頂、兩個靈性能量的圓形區域、中央鏡子及上頭放著的聖杯。陰陽和圓形都可能有「完整」（wholeness）的意涵。

　　在冷熱能量之間有個重要的象徵物──圓鏡上的聖杯、敞開的珠蚌殼、觀音和獨角獸。在基督教聖餐和聖杯的故事中，聖杯帶著本我的意像。在聖杯上方敞開的蚌殼代表包容的女性。觀音則代替上一盤的女蛇神，慈愛取代了力量。而根據 Dora Kalff，在它旁邊的獨角獸代表的是對立結合的神秘經驗。

　　右下角大小海星是 Rhoda 最後放進盤內的東西，她認為它們是母與子。在經驗過前面幾盤親子結合之後，她終於在此能夠與嬰兒分離，但仍保持親近。大小海星暗示著 Rhoda 的本我及她孩子的本我。

這是她沙遊過程美麗的終點站。

透過與孩子的連結，Rhoda 在最後一盤達成了與靈性連結的目標雖然起先，孩子很難相處。正如煉金術學裡相當熟悉的至理名言：「每一 *nigredo*，都藏有寶藏。」

回顧既往，Rhoda 在她第一盤所顯示的四大主題之改變，精簡陳述於下：

1. 男性

第 7 盤：四匹馬擋住通往靈性之路

第 8 盤：她的父親、下方的鯨魚，是全惡的

第 9 盤：憤怒的黑猩猩，為錢爭吵

第 10 盤：男人是藝術家，也是帶進光明的人

2. 女性

第 7 盤：母鮑魚承載著破碎的希望

第 8 盤：「被壓縮得變了形」比對懸停著的女人

第 9 盤：強大的女蛇神比對殘缺的愛神

第 10 盤：成就／失敗比對照顧人的女性

第 11 盤：慈愛女神

3. 母性

第 7 盤：矮小運動員掙扎對抗大嬰兒的憤怒

第 8 盤：她與母親的連結，白鯨

第 10 盤：她欣賞兒童時期的奇妙

第 11 盤：像海星一樣，她可以和孩子在一起，同時也可保持著距離

4. 靈性

第 7 盤：通往抽象靈性之路被阻

第 8 盤：廟宇提供通往靈性的管道

第 10 盤：從照顧孩子的母職裡，感受活生生的靈性

第 11 盤：杯，聖杯已找到了

　　在回顧時，我從 Rhoda 那兒得知她在最後一盤沙後，隨即開始個人的心理治療。目前她在專業領域的工作已有擴展，和女伴分居，孩子已七歲，親子相處融洽，她喜歡這個孩子。她重返貴格教派，在宗教上相當活躍。

　　當 Rhoda 在回顧的最後，看最後一盤沙時，她說：「我喜歡最後這盤。它讓我很高興。」下面直接引述她的感言：

　　　　那次是我待在你那邊接受治療的最後一次，我覺得有一種了結，同時也感覺過去掙扎的事情已找到了解決。那正如對這些所有不同元素的一種平衡。事情仿佛更和諧也更平衡，好像對所有的事，我都有管道和方法來處理。我找尋的是寧靜、平衡和能量。我有時會失去它們，但我有連結他們的管道。整盤沙看起來非常完整，好像已達到目標了。

第三十四章

Ursula：十五年間的十盤沙

　　Ursula 的沙遊系列顯示出治療過程的連續性，即使在一盤與一盤之間有很長的間隔。Ursula 與我工作的十五年內，共排了十盤沙，中間有些甚至相隔達三年之久。但整個治療過程還是蠻連貫的。我們漸漸發現一沙遊系列，無論短期或分散於長期，還是蠻有凝聚力的。

　　前面我已在烏龜的象徵章節內談過 Ursula 的烏龜沙盤，那是一個本我盤。在這兒，我要繼續談她所排的其他沙盤，藉此顯示給讀者在本我盤出現後的後續盤的情形。她最後的五盤顯示自我的強化（the strengthening of the ego），這常發生在本我的顯現及匯集之後。

　　Ursula 在五十歲時來找我做心理分析。在她二十到三十歲時，她也曾接受過心理分析，直到她那分析師搬到外州才結束。

　　Ursula 的父親不認為女孩子有大學教育。女人應該做老師、秘書和妻子。做了秘書，又成為一個妻子。她的母親對她很挑剔，從來沒有真正接受過她。她上有兩位姐姐，也都已成家生子。手足之間競爭與敵意很多，很少有親情。

　　她的丈夫是在她家庭中有比較好的唯一長期關係。先生本身也頗有成就，且對妻子的智慧評價頗高。她和先生的家世背景都是屬中上階級。

　　荷爾蒙的問題造成她的不孕，她和先生就領養一個兩個月大的女嬰。女兒二、三歲時，Ursula 與她有許多問題。她們根本無法相處。心理治療大部分的時間，她都花在談論及哭述這份關係上。

　　Ursula 是個聰慧的女性，卻很少因其聰慧或因所做的好事而得到

任何誇讚。由於她不能生育，她一直覺得自己是個失敗的妻子。原本她寄望領養孩子後能減輕這份自責。但與女兒多年衝突後，她覺得自己也是一位失敗的母親。她沒有嚴重的精神疾病，但她的自我是蠻脆弱的。

她對自己非常嚴苛，並且無法接受我對她所說任何的好話。起初我不知道我用這方法嘗試去扭轉她負面的自我形象，是無效的。留存在她內在的衝突也造成我和她之間的衝突。後來我學著跟著她，不強化她的自我批評，只接受她的感受，這反而讓情形改善許多。

在 Ursula 的第一盤沙（見圖 34.1「問題及可能的解答」）有三個東方人挑著擔子。左邊的一挑夫用頭頂著重物，另一個是用背扛著重物。右邊的男人則用一棍肩挑著兩個桶。盤中央的河左邊是鵜鶘，右邊則是鵝，河上有橋橫越。

Dora Kalff 在看了這盤之後，不用我提供更多消息，就做了以下的說明：

> 這個女人一肩獨挑她的重擔。她深受她負面阿尼瑪斯的控制，要求自己要做個乖女兒、好太太、好母親。橋呢？重擔在兩邊都有抗著，所以要把兩邊結合在一塊，到底要調和的是什麼呢？也許河兩邊的鳥有答案吧！左邊的鵜鶘用自己胸部的血餵食幼鳥，它象徵著自我犧牲的母性。右邊的鵝則是愚笨與卑屈的象徵。童話故事裡養鵝的女孩是卑屈的。所以，也許橋是要調和完美母親的形象和無價值感的感受。此時她的阿尼瑪斯可能在告訴她一定要做個好母親，卻也在告訴她她是無價值的。要調和的就是在完美與無用之間，找到中庸之路。

這就是 Dora Kalff 在「解讀」沙盤時所顯現與生俱來的天分與技巧。

在 Ursula 的第二盤沙中（見圖 34.2「讓事情發生」），在圍住的柵欄裡，有一坐在板凳上休息的女人和一個靜靜地在水邊鸛鳥旁坐著的男孩。柵欄的門是打開的。外面有大小車輛來回穿梭。柵欄裡外都

圖 34.1

圖 34.2

有樹木；代表她的內外面都在成長中。

　　在 Ursula 最後一盤沙結束後的五年，我們一起回顧這盤沙的照片時，她說：「我對這盤沙的記憶是這老婦人在休息，旁邊雖有柵欄圍著，但人們可以自由出去。這就像是放棄了掙扎而讓事情自然發生就好了。」

Ursula 的第三盤沙（見圖 34.3「與她本能和平相處」）與第二盤相隔三年。它是動植物盤，盤中只有樹和動物，完全沒有人，看起來像叢林一樣。Ursula 頗能與自己的動物本能相處和諧。左下角處，她用貝殼盛水給河馬、犀牛、熊和象喝。

做完此盤後她說：「它們都和平相處。即使是森林之王（指獅子）也不會構成危險。其他動物會藉著避開，把水源留給它來處理獅子（在左下角）可能造成的威脅。」這時一隻阿尼瑪斯已不再攻擊她了。事實上，一個正面的阿尼瑪斯，保護著它的家人的公象出現在這沙景了（正中）。而長頸鹿母子，動物親子的結合也出現了。

在回顧時，Ursula 說她喜歡大象：「象高大強壯，卻很溫和。它們只有在自保時才發出攻擊。它們圍成一圈，來保護小象。」

第四次沙遊治療時（見圖 34.4「專注於女性」特質），Ursula 比以往透露更多自己的情緒——憤怒、恐懼和情慾。在這次沙景中，她蠻專注於女性特質。她在盤中央的貝殼裡注入水，正如她在上盤所做的（圖 34.3）。之後她在其周圍建造的海景。第一盤的母鵝鷥這次仍被放入，但鵝卻被兩隻鴿子取代，鴿子代表和平之鳥。

回顧時，她說：「這三角形內有三隻鳥，不在競爭，這和上盤動物的關係一樣，它們並不在競爭什麼。」

圖 34.3

圖 34.4

　　第五盤（見第二十章第四盤「爬向神的烏龜」）是放射出神聖特質的本我盤。在這裡第一盤所看到的衝突已轉化了。一群古老的烏龜離開無意識之海，爬上中央高峻的山嶺禮拜男性之神。烏龜爸爸一路領航。阿尼瑪斯再次是非常正面，沒有攻擊意圖，也沒有給人負擔。而紅色的鯉魚代表著她情感的啟動。

　　Ursula 在回顧時對這盤的評述是：

　　　　我喜歡這盤。這是我開展得意的一年。當我在腦中想像這盤沙時，動物從遠方來而越過柵欄。我想像它們為了要爬到中央需要攀越的柵欄，它們慢慢地爬。我喜歡整個設計。但現在我才驚訝地發現根本沒有柵欄。福狗不只是隻寵物狗。它是廟的守護者，中央這位重要人物的守護者。周圍的圈圈像水，永無止境。帶來一個豐年，一個有創意的年。這盤沙對我而言，永遠是具有特殊意義。我很開心看到自己做了這可愛又有創意的沙景。它對我的意義非凡，不可言喻。它真是像宇宙般的神奇。

　　這時，Ursula 和我原本一週一次的會談改成一月一次。我猜想可能這是她的最後一盤。兩年後，她卻又做了一盤。其間，她與女兒的

關係大有改善。她也告訴我兩個重要的夢,地點都發生在花園。第一個夢的內容:

> 花園裡有菌類植物在蔓延,但植物長得很好,一個男人遞給我一顆梨子,那棵梨子是從被認定是我的那棵樹而來的。

第二個夢的內容:

> 過去這花園是由別人來照顧,但現在是我的責任來照顧它。這是個陽光普照的地方,而我吃著園裡種的芹菜。

本我盤之後的第一盤是一個農場的景觀(見圖 34.5「滋養」)。一男一女正餵養著農場裡的動物。火和水——生命和發育所需的重要元素均出現在此,如中央的營火及右邊的水井。此外還有許多代表母與子的動物,如柵欄裡的母羊和小羊、母牛和小牛;公雞、母雞和小雞(左邊);鴨和小鴨(上方)。上盤中慶典上的福狗這次變成了真正的動物(在女人身邊)。在上盤經歷過本我原型力量之後,Ursula還原到日常世界。在這個世界裡,男性女性都能善盡親職,滋養幼輩。

圖 34.5

Ursula 在回顧這盤時，說：

> 每個人都善盡其責。有種上軌道，井然有階段的感覺。你若
> 能說出在心理治療裡你必經的各種階段，那麼若缺任何一個階
> 段，你一定會知道的。沙遊能洞察這些階段，而無意識是它的嚮
> 導。

她把一些在沙遊裡的重要因素清楚地摘要出來，雖然我們從未討論過它們。

在下一盤（見第二十三章圖 23.7「被評斷」）Ursula 嚴苛評斷的部分由阿其特克神（Aztec god）代表。他不准她通過聖門。她是站在左方中央一個渺小又卑下的人。她的雙臂交叉胸前。只有右邊的希臘女神在幫助她。其餘所有的人都受到法力無邊的阿其特克神的影響，對她充滿了負面的評斷，看不起她並阻止她通過聖門。

在這盤裡，Ursula 有能力把被敵對批判的經驗具體呈現出來。更重要的是，她指出部分的她，可能在與我初次共移情的影響下能夠支持她自己。

在她的下一盤（見圖 23.8「釋放」），聖門不再被敵意的阿其特克神擋住了。那小小位於中央的人可以通過大門了。兩個守衛為她護道。在聖門另一端有座聖廟。那可直達此廟的通道已可供她使用了。

在回顧時，Ursula 憶起一種釋放的感覺。她說那中間的小女孩「屬於這些廟宇，而這些廟宇也屬於這女孩」。她能自由前往聖門後面的任何地方，同時也接受它。她已經走了一半的路，到了中站。

在 Ursula 的下一盤（見圖 34.6「邁向賽程的終點」）除了左上角，手持穀類的女子外，全盤都是男性。左邊所有耕地的人都忙著農耕以供給食物。右邊則有音樂和舞蹈。舉著火炬的男人正率領著一群男跑者跑過中央的斜角線，他們後面跟隨著有翅膀的帕格薩斯飛馬（Pegasus）。Ursula 對這盤的評述是：

圖 34.6

　　最重要的是他們有火炬。火炬代表著純能量──火和跑步。這裡可能是賽程的終點。舞者好像在慶祝。沒有一個人是在競爭或比賽；他們各司其職、各盡其份──舞者、跑者、農民。兩旁的人都在看著這些跑步的人。

　　在下次會談結束時（即一個月之後），Ursula 說她要換掉上盤所排的一些內容，但當時已接近結束時間，我問她是否在我們預定的時間外，多加一次的會談，她欣然接受。下次再見面時，她決定不改先前的沙盤，她要重做一盤。

　　Ursula 最後的一盤（見圖 34.7「完成」）與上盤頗為相似。一群馬奔馳穿越對角線走出了沙盤。一個金髮女孩騎在為首的馬背上。在回顧時 Ursula 說：

　　當我在心裡想像這副情景時，我看到一個長髮飄逸的金髮少女騎在馬背上。這畫兒給我一種舒服適當的感覺。那裡沒有馬勒、沒有馬鞍。她騎在馬上飛馳而去，她有完全的掌控，這是種很棒的感覺。

圖 34.7

　　這是 Ursula 的最後一盤沙。做完後，她告訴我她在電話裡和女兒堅持自己的立場，卻不因此感到內疚。這對她而言，是項勝利之舉。在次年，她一共來了七次。我在其中一次會談告訴她我將在一年後退休；於是她在下次會談時，宣布當天就是她最後一次的治療會談。她的自我已足夠堅強，能在我離開她之前先行離開我。

　　在我們做總結回顧時，Ursula 看過所有拍攝的沙景，她說：「真有趣，我不知道自己到底說了多少，但看我表達的多棒啊！這不是很有趣嘛！」她終於誇獎了自己！

第三十五章

Amy：感到被困，感到憤怒，感到強壯，感到自由

一九八○年初，在我的分析治療裡，我發現一個新的現象，不斷有女性來到我的治療室告訴我說：「我感到一股前所未有的力量。」這現象突然開始，且持續著。她們對這股力量感到興奮，也害怕著它。下一步會發生什麼？她們不知道這力量是什麼。它並不是一種想從別人那裡搏得權力。它並不具有毀滅性。它似是一種奇特的「女性力量」（woman power），在雙翅上久候，等待著翱遊衝上天際，是女性要做自己的自由，能感覺到怒及恨，同時也感受著愛與關心。這時女性才終於能擁有她們全屬的情感世界，包括女性陰暗面的凶惡著魔似的情感。而這種經驗會帶來一種全新的力量及影響。

我在此要簡短地區分「敵意與憤怒」及「經驗憤怒和表達憤怒」之別。敵意通常是一個長期沒有聚焦的情況，而憤怒則是更聚焦、更急切、更激烈的情況。一個懷有敵意的人是個愁苦的人，他可能會、也可能不會公開地發怒，但一個憤怒的人在發怒時已準備要爆發或已經爆發了。

在一九七六年會議上，有人問瑪莉露易絲・凡・法蘭茲（Marie Louise von Franz）她如何處理憤怒或一般人應如何處理憤怒時，她說：「小心地表達它。」憤怒應儘量全面充分地被體驗到，但在表達時，卻應以慎重適當的量表達即可。但這確實不易做到。也正因如此，憤怒常被壓抑下來，用無意識或失控的方式發洩出來。通常憤怒會先以笨拙地或爆發式的表達出來，然後才會在內心被體驗到。當個案在這

個階段時（它的確像是個階段），我常祈禱他們周圍的人不會過分報復性的懲罰他們，以致於他們不僅不敢向外表達憤怒，而且也不敢在內體驗這感受。你一旦過了這個階段，你就更能坦然接受憤怒的情緒，進而做到如 von Franz 所說的找到適當的方法去小心地表達你的憤怒。

這也進一步帶出如何接受別人怒氣的問題。接受怒氣與傾聽有關。真正的聽，真正的聽進去，試著同理對方。把自己放在對方的位置上，感受其所感。不只是憤怒，還有其他所有會帶到憤怒地步的情緒。

但接受憤怒和不理會忽略憤怒不是同一回事。心理學家至少在過去，常推薦父母不要理會發脾氣的孩子，故意忽略他們。佛教禪宗談到如何把憤恨轉化成愛。而兩個人共同的發展依賴著彼此接收對方憤怒卻不懲罰對方。

但表面上忽略怒氣只會讓內在怒氣更旺盛而已。通常若讓對方知道，他們表達怒氣的方式相當有效，因你已感受到，反而對他們有幫助。若想要傷人卻讓他們毫髮無傷是令人氣惱又羞憤的事。又當看到你想要傷害的人已完全崩潰時，也是件令人害怕的事。你內在的人性使你能感受到傷害，而你內在的堅強力量也能讓你不致崩潰。

我這樣的說法反而讓自己陷入進退不得的兩難情況！我先說人應該充分體驗自己的憤怒，之後又說不要用你的怒氣去硬碰對方的怒氣，應該聽聽對方的心聲，同理他們。但我相信力量來自於下述雙重的體驗：充分體會在你內心表達出及未表達出的憤怒及試著利用同理他人來改變你的憤怒。記住下面的話：「當你真正在意關心某人時，你才會真心地動怒。」伴隨憤怒而來的力量便能用來達成你想要的改變。人是可以脫離憤怒的陷阱。

Amy 做了一系列的沙景，她的歷程驗證了上述有關憤怒的過程——感到被困、感到怒氣、感到強壯，及感到自由。

Amy 來時是三十出頭。她二十一歲時大學畢業，數年後結婚。在體檢時得知患有惡性腫瘤癌症。切除手術成功，腫瘤也未復發。

　　Amy來濱海區（譯者註：作者之住區）停留幾個禮拜，完全是為了與我做沙遊。那時她暫停了已進行兩年的心理分析。我們於是排定每週二次共三星期的沙遊治療。

　　和Amy工作，讓我第一次領悟到沙遊物件排放的先後順序具有非凡的意義。這個發現也促使我發展出所謂的「順序分析」（sequence analysis）。為了說明它的用法，我會討論她用同樣順序在沙盤放下的物件。

　　在第一次的沙遊治療時（見圖35.1「掙扎」），Amy摸著乾濕兩盤沙，她輕拍著沙，說：「兩種沙的感覺都很棒」。她把一塊土耳其玉放在乾沙盤下方中央，自此：

　　手持破碗片的黑衣女子（左下角）：Amy說這個女人讓她想起她的一個夢：

　　　　一女人坐在一堆碗的旁邊，她告訴我碗裡裝了一些東西。我問她碗裡到底裝什麼時，她卻不肯告訴我，她說要我自己去找出答案。於是我生氣地把一個碗摔在地上。

圖35.1

但在這沙盤中的女人靜靜地看著她從地上撿起的破碗片。Amy說她對 Amy 的衝動行為倒是耐心以對。這就是接受對方怒氣的一個例子。Amy需要發洩怒氣到別人身上，也需要別人接受她的怒氣，而這別人就是在她之外方的，也是在她之內心的。

白色珊瑚金字塔（左邊中央處）：有三個三角形的面及一個共同的頂的金字塔是堅強男性的象徵。它白如雪的特質透露出冷，男性的冷，而其大小與堅固代表著男性的力量。黑衣婦人之後是白色金字塔，這先後的順序反映出某種補償的過程，從女性移到男性。

火（在女人旁）：火的溫暖與寒冷對立，這是第二個出現的補償順序，從冷到熱。

小黑曜石（下方中央處）：小黑曜石與由海中珊瑚造成之龐大的白色金字塔在顏色與體積上正好呈對比，但在外表上與之同樣的冷與硬。它源自於火山；它的堅硬是由火造就而成。在此我們看到更多對比：火與水的對比，大地與海洋的對比。

邪魔（盤中央）：Amy問我怎麼弄到這個物件的，我告訴了她。也許在放入可怕物件後，她需要這種分享來再次肯定治療中的聖域（temenos，譯者註：意指自由且被保護的空間）。

陶龜（中央右方）：在我與她分享後，她顯得更輕鬆。她把沙攤開，露出沙盤藍色的底，她做了一湖湖水，放進一隻陶龜。龜在湖水和陸地之間移動，因此它代表兩者的連結。

白馬及灰色的馬雅神（右下方）：白馬在介於龜和黑曜石的路上行走，它面向馬雅神，仿佛這是靈性之旅的起站，Amy說馬頭低垂是在「向神表示禮敬」。

兩個摔角者（左邊上方）：在馬雅神斜對角度有兩個黏土所做人在摔角。她說這代表她在心理分析初期內在掙扎的情形。根據 Dora Kalff，放在對角兩端的東西通常代表著此人目前正面臨的撞擊及掙扎的問題。在此，Amy似乎與怒氣在角力，她認為憤怒不好，而另一端追求靈性是好的。

卡雷神（左下方）：卡雷神是印度女神，代表著創造與毀滅。Amy

說：「她代表憤怒和力量。」當Amy覺得憤怒時，她同時覺得強大有力。

樹木（右上角）：接著Amy在卡雷神對面角落加上樹木，她說：「你沒有真正的樹，這不是真正的綠色植物，我要糾正這個狀況。」她已有足夠的力量來挑剔我提供的物件。

高舉雙臂的女孩（左中央處）：Amy說：「這女孩和卡雷神不一樣。她很善良，但卻孱弱，沒有力量。」

躲在樹林間的玻璃龍（左中央處）：一些原始的力量在無意識裡可被支取。

強大可怕的女神之凝聚，加上感覺的成長（由樹代表），讓Amy能夠表達內在的敵意（如對我提供的物件的批評）。然後才是脆弱的善良女孩的出現。憤怒是強大卻不好，善良雖好卻太弱。Amy陷在這樣的矛盾中，她要強大，而不壞；她要善良而不弱。

在第二盤（見圖35.2「感到被困」）Amy先做了個半圓的山，圍著中央有灘小水的山洞。

圖35.2

洞（中央處）：Amy 把這沙的造型稱為「有流水的洞穴，逃生口」。

手持破碗片的老婦人（在洞內）：她把夢中的婦人放入洞內的水邊。並加上石頭，Amy說：「我要學著用這裡提供的物件，而不是老夢想著一些無法取得的東西。」她又一次對我提供物件表達不友善的批評。

玻璃暖房（右上方）：這是受保護的成長會發生的地方，但裡面卻空無一物。

被圍困住的舞者（右上方）：Amy事後表達住在城市裡感到窒息與受困。她自小在蘭園中長大。

灰色的塊狀物（下方中央處）：Amy 認為這塊狀物象徵她的腫瘤。她說塊狀物的大小及形狀與山洞入口相同。她覺得取出癌塊後，開啟了她內在的資源。

白馬（正要進入洞口）：Amy認為馬把「旅途中的資源帶著」。

五個有宗教象徵的聖物（左中央處）：這五個宗教聖物有：聖母像、樹母神、太陽、圖騰柱及雕刻的金十字架。

斷一腿背負嬰兒的人（在聖物後）：聖物遮藏住斷腿的人，不讓外人侵入。Amy說：「這是個好地方，它被保護著，裡面的人可以向外看，但外面的人卻看不進來。」

葉子：這是她當天早上撿到的葉子，紅色，有點像開著花的樹。

藍眼黑熊（中央左方）：Amy認為它是個「有用的崇拜物」，有點魔力。

鑲珠寶的烏龜（在中央之左處）：烏龜打算要進入洞外左邊的小穴裡。Amy稱它為「帶自我象徵的崇拜物，它的頭上有珠寶。它往內縮就把自己藏得好好的。」

車、救護車、自卸卡車（右方邊角處）：這些車輛都是要來「把舞者帶出去。」

大理石柱：Amy用六根不同的柱子代表這城市的摩天大樓，它們把舞者和她自己都關住了。

　　這盤顯示 Amy 女性自主性被限制被困住。但當癌腫瘤取出後，洞穴出口打開了；救援的車輛、有神力的崇拜物及神奇白馬都已準備好要搭救。一個死亡，或者少一個殘廢，是與一個誕生並行；兩者均受靈性的護佑與支持。

　　第三盤開始時（見圖 35.3「感到憤怒」），Amy 問：「你有新添物件嗎？」與先前她對我蒐集的物件的批評大不相同。

　　枯葉：那早上她又撿葉子來了。

　　沙塑：她在沙堆裡挖了一個洞，就像洞穴的出口。之後她又做了第二個洞及幾個凹槽，從每個洞通到左上角及右下角。

　　上有缺口的露齒動物（中央處）：這個物件看起來像個動物花瓶或有尾把手的燭台。Amy 說：「它很神秘，也很有野性。」這物件是沙遊室裡最常被使用的物件之一。一位女士曾說，對她而言，這物件代表著憤怒夾雜著空虛的感受。這個很特別的露齒動物物件的價值在於內在空虛是伴隨著毫不隱藏的憤怒之齒。對空虛發出的憤怒已呈現了。

　　有尖牙的陶偶（中央左方）：Amy 形容這個陶偶是一個「孩子氣又任性的惡巫人」。

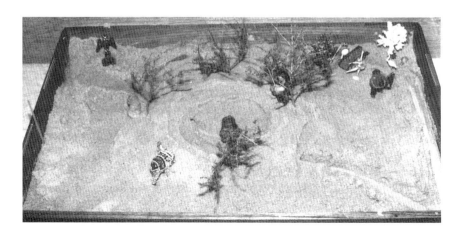

圖 35.3

移旁邊。

帶著鳥的女孩（後方中央）：鳥是Amy小時候常做的惡夢。她被關在一間大房裡，有隻大鳥在窗邊飛，那時她感覺害怕又生氣。直到現在，她仍有被困的恐懼，與童年的恐懼加在一起，兩者都與憤怒有關。

捧著破碗片的婦人（中央上方）：這是這個女人第三次出現。火的溫暖能量也在附近。

銅製的十字軍：上盤（見圖35.3）這位英雄被放置在帶著炸彈的男孩身邊。Amy說：「他必需挑戰公牛」，說著，便把公牛轉對著英雄。

這兒我們有四的特質（quaternity）。十字軍代表男性英雄原型，公牛則代表男性能量的本能；手捧破碗片的婦人代表「智慧老婦人」的原型，火可能是原始女性能量的形式。男性特質發展的過程中，女性特質並沒有被犧牲，兩者均平衡地共同發展。

拿著喇叭的男孩及白馬（右下方）：Amy評述時說：「馬和男孩必需在一起。」馬的靈性和本能的特質需要年輕男音樂家的正面男性情感來搭配。這時男性不只有憤怒和權力而已，他們變得更分化了。

銅製的美人魚（正中央右方）：美人魚是半人半魚，她結合了人和本能兩者，她可能某方面與十字軍的武士有關，因他們都是銅製的。

穿紅洋裝抱著玩具熊的女孩（左下方）：Amy說：「以前我也有一隻玩具熊」，美好的童年回憶與童年的惡夢形成對比。

英格蘭式的陶製房（左下方）：「這房子看起來很溫暖」，Amy再次表達正面的感受，只是這次是針對庇護材料有感而發。

屋旁的白狗（右下角）：Amy認為屋旁的狗「必須待在那兒」，狗天性的能量與女性溫暖的房子必需相聯，就像白馬的本能／靈性能量與男喇叭手的男性特質必需相聯一樣。

手插腰的小女孩（右下角）：「她也想來這裡。這是沒有耐心的

　　這盤顯示Amy女性自主性被限制被困住。但當癌腫瘤取出後，洞穴出口打開了；救援的車輛、有神力的崇拜物及神奇白馬都已準備好要搭救。一個死亡，或者少一個殘廢，是與一個誕生並行；兩者均受靈性的護佑與支持。

　　第三盤開始時（見圖35.3「感到憤怒」），Amy 問：「你有新添物件嗎？」與先前她對我蒐集的物件的批評大不相同。

　　枯葉：那早上她又撿葉子來了。

　　沙塑：她在沙堆裡挖了一個洞，就像洞穴的出口。之後她又做了第二個洞及幾個凹槽，從每個洞通到左上角及右下角。

　　上有缺口的露齒動物（中央處）：這個物件看起來像個動物花瓶或有尾把手的燭台。Amy說：「它很神秘，也很有野性。」這物件是沙遊室裡最常被使用的物件之一。一位女士曾說，對她而言，這物件代表著憤怒夾雜著空虛的感受。這個很特別的露齒動物物件的價值在於內在空虛是伴隨著毫不隱藏的憤怒之齒。對空虛發出的憤怒已呈現了。

　　有尖牙的陶偶（中央左方）：Amy形容這個陶偶是一個「孩子氣又任性的惡巫人」。

圖 35.3

　　帶著嬰兒的婦人（中央右上方）：Amy 說：「這樣排放我很難過，我覺得她身邊應該要有個男人，但是我卻找不到適合的男人。」

　　像流氓的男孩（原先排在左下角，後來移到中央右方）：原先她把拿著炸彈的男孩放在左下角，她說：「我不知道該怎麼辦！他很生氣，他要炸毀這個世界。」她把自己的憤怒與男性和力量連在一起。

　　當人說他們不知道該怎麼辦時，我就知道一些重要的事正在成形中。Amy準備要離開，後來又停住，她回頭張望著說：「我需要一個強壯又聰明的男人。」她把男孩移向中央右方，換成有閃光頭飾的象在左下方。她說：「我沒辦法不要這個男孩。」她說得沒錯，無論她多麼害怕，她還沒辦法擺脫她的憤怒。她沒有把帶著炸彈的男孩埋下也沒有壓抑這份怒氣。男孩仍在那兒，只是他不再是位於中央的位置，他是略偏邊角。

　　女舞者（右上方）：Amy把舞者放在帶著炸彈憤怒男孩的旁邊，先前這舞者被城市大樓困著。

　　河流（沿沙盤的右邊流著）：水在流動，她已擺脫了限制，脫離了困境。

　　橋（右上方）：這是 Amy 第一次使用橋，連結已然形成。

　　開花的樹（右上角）：「一棵櫻桃樹，真棒！」Amy 覺得比較開心了。

　　戴著皇冠的青蛙（右上角）：青蛙常常是轉化的象徵。在生物界，蝌蚪變成青蛙，在童話故事裡，青蛙變成了王子。

　　銅製的十字軍（在帶炸彈的男孩旁）：英雄似的男性正移開而不面對這帶有爆炸性憤怒的淘氣男孩。

　　這盤沙更具延續性及流動感。它容納有爆發性的男性憤怒（男孩）及空虛女性露齒的憤怒。帶著孩子的女人已不再跛腳，舞者也解脫了困境。

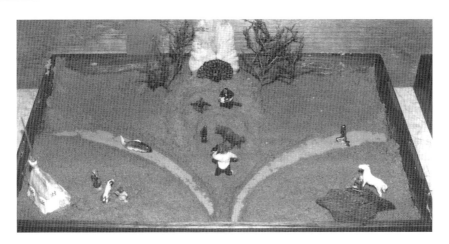

圖 35.4

　　Amy 開始做第四盤時（見圖 35.4「感到強壯」），她嫌盤裡的沙不夠。我從另一沙盤拿一些沙丟進去。她說：「其實我也可以用少點沙來排，但最好是多一些。」我回答：「你知不知道如果你真的需要更多沙，我肯定會給你的？」之後，我想或許應該讓她抱怨而不給她更多沙。在回顧時，Amy 說，她覺得我當時的回應不錯，讓她感覺別人有聽進她的不滿或抱怨，而且事情會改善。這正如同智慧的老婦人沒有否認或評斷批評摔碗一事，她只靜靜地接受少女的憤怒，並在破碗片整修前，一直拿著它們。

　　河流（從兩旁流向中央）：她把沙塑高，讓河流從兩邊流到盤下方的中央。

　　橢圓形的白珊瑚（中央上方）：第一盤 Amy 放進的珊瑚做的白金字塔如今又在盤中出現，稍後她把它換掉，放上另一塊珊瑚。這塊珊瑚，一般人常認為它形似女體陰戶。先後的順序顯示由男性特質走向基本女性特質的補償作用。

　　孔雀（依靠著珊瑚）：孔雀常被視為轉化的象徵。在神話裡，孔雀把毒物轉化成療癒的藥物。

　　公牛（近中央處）：公牛是強大男性力量的象徵。它從中央被稍

移旁邊。

帶著鳥的女孩（後方中央）：鳥是Amy小時候常做的惡夢。她被關在一間大房裡，有隻大鳥在窗邊飛，那時她感覺害怕又生氣。直到現在，她仍有被困的恐懼，與童年的恐懼加在一起，兩者都與憤怒有關。

捧著破碗片的婦人（中央上方）：這是這個女人第三次出現。火的溫暖能量也在附近。

銅製的十字軍：上盤（見圖35.3）這位英雄被放置在帶著炸彈的男孩身邊。Amy說：「他必需挑戰公牛」，說著，便把公牛轉對著英雄。

這兒我們有四的特質（quaternity）。十字軍代表男性英雄原型，公牛則代表男性能量的本能；手捧破碗片的婦人代表「智慧老婦人」的原型，火可能是原始女性能量的形式。男性特質發展的過程中，女性特質並沒有被犧牲，兩者均平衡地共同發展。

拿著喇叭的男孩及白馬（右下方）：Amy評述時說：「馬和男孩必需在一起。」馬的靈性和本能的特質需要年輕男音樂家的正面男性情感來搭配。這時男性不只有憤怒和權力而已，他們變得更分化了。

銅製的美人魚（正中央右方）：美人魚是半人半魚，她結合了人和本能兩者，她可能某方面與十字軍的武士有關，因他們都是銅製的。

穿紅洋裝抱著玩具熊的女孩（左下方）：Amy說：「以前我也有一隻玩具熊」，美好的童年回憶與童年的惡夢形成對比。

英格蘭式的陶製房（左下方）：「這房子看起來很溫暖」，Amy再次表達正面的感受，只是這次是針對庇護材料有感而發。

屋旁的白狗（右下角）：Amy認為屋旁的狗「必須待在那兒」，狗天性的能量與女性溫暖的房子必需相聯，就像白馬的本能／靈性能量與男喇叭手的男性特質必需相聯一樣。

手插腰的小女孩（右下角）：「她也想來這裡。這是沒有耐心的

我，她一心想要智慧老婦人告訴她更多的事，讓整個過程加速。」我不為 Amy 解釋（沙圖）讓她感到挫折，但現在她已漸漸領悟內中涵義了。此外，她也漸漸學到急躁沒耐心的那部分也不見得是負面的，因它帶往果敢及力量。

在這盤沙可見到男性能量與女性力量的融合體；男性的英雄及本能能量（吹喇叭的男孩與白馬、銅製的十字軍、公牛）及女性力量（橢圓形的珊瑚、美人魚、老婦、不耐煩的小女孩、穿紅洋裝的女孩）。而 Amy 堅強地在盤中挑戰童年期的恐懼（如惡夢）及在移情中挑戰我。

這盤沙的中央像是朵初綻的蓓蕾。

在最後一盤（見圖 35.5「感到自由」），Amy 又是以堆沙塑沙開始。

水流區域（左下角）：她把沙推開，開始做水流區，並在右上角用沙堆做島。

藍眼的骨製貓頭鷹（上方中央處）：傳統上，貓頭鷹和智慧聯想在一起，後來 Amy 加了一個燈籠，代表意識和智慧的結合。

圖 35.5

　　抱著白嬰兒的黑人（上方中央處）：Amy稱呼這個黑人是將死的老人「瑜珈修行者，嬰兒的守護者」。追溯以往 Amy 放置抱嬰兒的人物有：殘障者、婦人和垂死的瑜珈修道人。

　　銅香爐（右下方）：Amy打開香爐蓋，點了火。如今火熱的／憤怒的能量已經（安全的）保存在聖爐裡。它是溫暖的，舒適的，而不會危險。

　　身著藍衣的女孩（右上方）：這是上盤那個大膽挑戰的女孩，她想要知道更多的事情。

　　神父（中央左上方）：神父是另一名宗教人物，在他之前有馬雅神，之後將會有觀音和希臘女神。

　　兩匹白馬和兩匹藍馬（左上方）：Amy 說這四匹馬是跟隨著神父。「他們一起結伴旅行」，猶記第一盤的白馬（見圖35.1），它走向馬雅神。

　　黃洋裝的嬌小女子（右上方）：小女孩是善良女性特質的代表。

　　觀音（右下方）：觀音是善良女性特質的神聖形態，東方的慈善女神，孩子們的保護者。

　　銅製的希臘女神（左下方）：正如觀音代表東方，這女神則代表西方的靈性女性特質。女神的一半被遮住，就像女性的靈性特質剛從無意識嶄露頭角般。

　　香柏木（左下角）：Amy稍微雕飾香柏木後，把它帶來沙遊室。她說這是「一個皇后帶著主教的帽冠」，把堂皇的女性特質和宗教的男性特質結合在一起。

　　陶土船（中央右方）：Amy向我要了陶土，做了艘船。以前她做「打破碗」的惡夢，因為她不能從老婦人得到她要的資訊。現在她向我要陶土而我給了她。她可以做自己的容器了。

　　如今憤怒的能量仍然存在，但被聖物含納在內。Amy凡夫俗子的小能量身後有女神，積極大能量支持著。她可以過橋到世界任何角落，也可以搭船駛到天涯海角。她不再受困，可獨立隨心所欲的來去。她真正自由了。

　　最後一盤沙的形狀像隻天鵝，它的頭和喙在右上角，尾部則在左下角。天鵝雌雄同體（長頸像陰莖，身體圓圓的、有女性特質），它代表陰與陽的結合。Amy已融合了先前內在分裂的部分。她可以剛強而不必是一個壞男孩；她可以陰柔而不必是一個弱善女孩。小嬰孩，那新的生命，已從垂死的瑜珈修行人手中延續開來。瑜珈的第八階段也是最終的階段就是釋放。

第三十六章

Emmy：共移情

在沙遊治療裡，我們有一個特殊的機會在沙盤上觀察到共移情，由小物件來代表個案和治療師。個案和治療師之間的真實的情感交流也是相當重要，不應小覷。沙盤裡所演出的共移情及治遊室裡所經歷的共移情都是過程中重要的部分。

其實，當治療師看著個案用沙盤而不是用字或言語來表達他們對治療師的情緒時，治療師有時反而比較容易維持同理心，因為治療師本身所激起的反應與防衛比較不易去干擾。而且在安全的沙盤裡，個案比較容易去表達或經驗正面與負面的移情。

要說明共移情與沙遊場景的交互作用，我想要用一個叫做 Emmy 的女人的一系列沙景來呈現。來看我時，Emmy 是個近五十歲的女性。她的幾個兒子都已長成離家，自立門戶。她目前是離婚獨居中。過去幾年她一直接受一位男性容格心理分析師的分析。他們決定要來我這接受沙遊，同時間，也持續著與他的心理分析。

第一次見到 Emmy 時，我就非常喜歡她。她讓我想到我摯愛的一位阿姨。我意識上知道那是我童年情感的重複出現，是我本身真正的移情。

在 Emmy 開始沙遊治療時，我就告訴她八個月後我即將退休，因此我們以八個月為上限，安排治療的時間。在我退休那一週，也是她最後的第十二盤沙。一年後，我與她及她的治療師聚頭回顧她的沙遊治療。

Emmy 第一盤沙的正中央是口井（見圖 36.1「女人的聚集場」），

圖 36.1

井的左邊是個頭蠻大的老婦，右邊則是一對母子。盤下方有四個人，
分別是：跪著的印第安女人，端著一盤穀物，肩負水缶的女人、男步
行者及身穿紅洋裝的女孩手持樹條指著步行客。克里特島的女蛇神站
在左上角的樹後，魔法師梅林則在她下方，近兩顆石頭處。河從上方
的樹往下流，經過井，偏流到右邊。

　　當 Emmy 把第一個婦人放在盤中時，她說：「我和這婦人很有
緣」，接著她問：「她有整個身體嗎？」說完後，她加進了一對母
子。我本人屬思考型，而 Emmy 則主要是情感型。也許這頭蠻大的婦
人指的是我──「思考」或「頭腦型」的女人；而帶孩子的女人則是
Emmy──「情感」或「身體型」的女人。我們回顧時也注意到大頭
婦人管轄著水井，正如治療師統管著個案潛意識湧出的內容。

　　Emmy 把這盤沙命名為「女人的聚集場」，她把自身擁有卻沒有
完全活出的各層面女性都帶進來了。在回顧時，她的分析師也指出女
蛇神代表的是屬於原始層次的（chthonic）女性權威及力量。女蛇神身
呈暗色，半隱在樹林間。分析師又說當時 Emmy 還沒有發現自己的力
量。河兩邊的女人們提供著滋補的養分──水及穀類。女孩伸手朝向

步行者。大頭婦人常被認為是智慧的象徵。所有這些女性的各種可能——強壯的、滋養的、有智慧的、與男性保持關係的全在第一盤聚合了。

梅林是唯一站在步行者旁的人。Emmy 一定感覺在過程中，她需要一些男性的神奇魔力。梅林也許在當時代表她對其男分析師的移情看法；也許她想把他一起帶進這個嶄新的經歷中。

這盤沙快結束時，Emmy 說：「這個角落需要一些東西。」她隨興地放了兩塊石頭到左下角。石頭一般常被視為「神的居住地」。據說，彼得就是基督教堂奠基的「基石」。Emmy 或許感受到了想活出一個更屬宗教與靈性的自我，這部分一直被她忽略、否認、壓抑著。

在回顧時，她說在做這盤沙的一個月後，她參加了巴哈音樂節；找尋自己與教會的重新結合，這是她踏出的第一步。而在我們回顧她的沙景那一年，她參加復活節的禮拜，這是她小時候被媽媽以宗教威脅她之後的第一次去教會。

Emmy 的第二盤沙（見圖 36.2「面對評審」）與第一盤沙相隔有半年之久。當時，她很想在工作上晉升，需面對評審小組的評鑑會議。

圖 36.2

　　第一盤的大頭老婦這次是放在正上方，她的前面有四位男士，圍成半圓狀。第一盤中跪著的印第安婦人也在此盤出現，她在盤正中央；在她面前，躺著一名黑嬰和一名白嬰。她的右方有棵開花的樹，幾乎遮藏著小菩薩。菩薩身旁站著伊特魯里亞女神（或女祭司）。有個日本和尚在左下角吹笛。

　　做完沙盤後，Emmy 說大頭老婦讓她想起我在一旁看她排沙的情景，而帶著嬰兒跪坐在地的印第安婦人則是她自己，正準備要接受評審小組的詢問。吹笛的和尚正為自己的到來宣傳，他要讓人知道他來了，大家才會供養他食物。印第安婦人和嬰兒們及吹笛的和尚都是依賴者，他們想辦法要得到別人的照顧。在放置了這兩個翼求照顧者之後，Emmy 才能添加了四位評審。在當時她才能忍受被評審委員評判的事實。最後在她說她不要表現得太卑微，她在開花的樹下，放了個小菩薩。

　　回顧時，Emmy 了解到自己在評審委員面前表現得太謙卑。她在面對評審委員時，真該有第一盤出現的女蛇神相隨。她的分析師也同意，Emmy 確實需要女性特質中勇猛的力量與能量來幫助她堅持立場。

　　Emmy 下盤沙（見圖 36.3「與內在深度的女性特質再次結合」）的重點是放在一個希臘女神上，這女神置於沙盤中央的沙堆上，四周有貝殼和海星。在流水和沙的會合處，還有兩顆貝殼。

　　這只有水卻沒有人的景觀代表著心理狀態的下降；Emmy 在面對評審委員的壓力下之後，她必需降下而進入心靈無自覺的部分。她需要藉著尊重與景仰偉大的大地之母補充生命，與海洋結合，重獲新生，大地和海洋在此代表著女性內在深沈潛意識的不同層面。

　　「五」這個數字重複出現在這盤，有五足端的海星及沙堆旁向下排的五個貝殼。五有時指的是人的身體（一頭四肢，五隻手指、五官）。這盤沙的形狀讓我和Emmy都聯想到人的身體，我想到的是頭部，Emmy 則是子宮。回想第一盤（見圖 36.1），重要的角色是大頭婦人和生孩子的婦人。在那盤景，頭和身體，思想和情感，理性和情慾，清楚的分離對立著。但在這盤（見圖 36.3）兩者卻和合成單一的

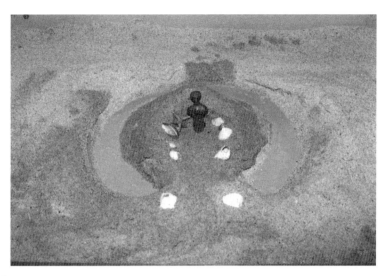

圖 36.3

形貌——既是頭又是子宮。

　　在我們回顧時，Emmy 說：雖然在當時，她並不知道自己沒有被錄取晉升，她只感到面談時（指晉升口試）有被羞辱的感受，她感謝我在治療會談中花長時間與她討論此事。我與她之間的正面移情，根據著我們真正的語言互動經驗，已凝聚了；先前我們關係上的正面移情，只多是根據著她那理想的投射，期待我正如那「智慧老婦」的原型，而不是根據我們當時經驗的現實。

　　在 Emmy 做下盤沙之前（見圖 36.4「英雄和龍」），我們對會談時間有誤解。Emmy 來時，我沒能見她，而我那下午（本以為是約見她的時間）的一時段卻空出來。而在她做這盤的前段時刻，我大約晚十分鐘才到。

　　進到沙遊室後，Emmy 站在乾沙盤前，望著物件櫃足足有十分鐘之後，她才取了白龍，把它放在盤左邊。她加上營火和十字軍武士，在龍旁揮舞著長劍，並在武士上方的洞穴內，藏著一批寶藏。在右下角處，她放了一組的物件——皇后以及她的狗，盛開花朵的樹和兩棵小樹。

圖 36.4

　　Emmy 必需等我十分鐘。之後她站立在物件櫃前，十分鐘才開始
放入物件。我想她的舉動是個無意識的報復行動，她要和我扯平。她
用溫和的方式來懲罰我。她必需等；我也必需等。

　　Emmy 然後首次在盤裡放進攻擊性的物件。她選的白龍是個比較
溫和的東方龍，不是西方的噴火龍，但這是一個開始。且之旁有火，
士兵呈藏。Emmy 為了要與龍作戰，贏得寶藏，她需要男性的英雄能
量。在表達出男性爭鬥後，她才能感受盤中溫柔的女性情感，如溫柔
（皇后和狗）及延續的生命（開花的樹）。

　　回顧時，Emmy 說當時她根本不知道排的是什麼。但聽我談到上
次會談時間的誤會及我遲到的事，她說記得此事，雖沒有明顯感受到
內心憤怒的情感。卻在沙遊的歷程中，無意識的層面上，仿佛自知如
果善用內心憤怒的力量，她便能找到隱藏在山洞裡的寶藏。

　　下次會談開始時，Emmy 談到姐姐與她們之間的衝突。我回應地
談到自己的姐姐，而我們一起對她們抱怨了一會。在此之前，我從未
和 Emmy 談到我私人的事。也許我想彌補上次遲到的過錯。

　　然後在這盤，Emmy 把跪著的女人放入（見圖 36.5「得到的寶

圖 36.5

藏」）。她說：「一直覺得她最像我。我也不知道為什麼。」她打開上次用的寶箱，高興地發現上次她放的錢幣和水晶都還在箱內。她認為我很重視它們。後來，她把箱裡的水晶拿起來並把它和寶箱放在中央，女人旁。她小心地把金鍊穿過鑰匙，環繞在女人的脖子上、並環繞過水晶及開著的寶箱上。

　　最後 Emmy 在左邊加上樹女神。這位女神與轉化有關。在一個故事裡，樹轉化成了女神，在另一個童話故事裡，女神轉化成了樹。

　　在回顧時，Emmy 的分析師說：為了要取得有價值的東西，有時你就是要打場硬仗，但有時你必需接受別人給你的。Emmy 已在沙盤上體驗過這兩種取得寶藏的方式：她和龍搏鬥，用男性的攻擊性方式；她被給予打開寶藏箱的鑰匙，用女性的被動接受性方式。

　　Emmy 在生氣時，在當她有不少負面的移情時，她排了搶奪寶藏的沙盤。當她覺得和我較親近，有正面的移情時，她排了得到鑰匙打開寶藏的沙盤。這一切不是我設計的，我沒有設計，也沒辦法設計。這種順序是共移情的一個例子，是共移情在沙遊裡自然的操作情形。

　　Emmy 的最後一盤沙（見圖 36.6「生命的能量」）是在我退休前

圖 36.6

幾天完成的。右上方流下的河經過了中央的池塘再往右下方流去。池塘中央有塊大石，附近有個手持樹條的女孩和地神在講話。右邊則有開花的樹、房子及水車；左邊則有母牛、小牛和一排綠色的樹。水邊圍著樹及綠葉。

　　一顆石頭，似在第一盤（見圖 36.1）隨便放在左邊的一些石頭，現已放在池塘正中央；過去曾遭否決的宗教情操如今重受尊崇。當她把女孩和地神放入盤中時，她說：「我感覺他們需要聊聊。」Emmy 和潛意識的對談仍持續進行著。她有更順暢的管道與本我溝通。

　　第一盤中，人類母子的形象在本盤以母牛和小牛更具本能且更深入的層面來體驗；第一盤自由流動的水已被利用在工作上，轉動著屋旁的水車，為生命帶來更有建設性的能量。

Emmy 沙遊過程是以我們彼此都有正面的共移情來開始。我們兩人對彼此都有好感。我把對阿姨的正面情感轉移到她身上。她在第一盤時就對老婦感到特別有緣，也許部分是因為看到了在我身上智慧老婦人的原型。Emmy 在盤中把代表我們不同類型──情感與理智，置於不同對立的位置。然後在她受晉升評審的壓力時我支持她，加深了她對

我的好感。於是下次的沙盤中，她能多把過去分開與對立的理智與情感聯繫而結合在一起了。

　　之後由於對會談時間的誤會，引發了我們之間的罪惡感及對彼此的不滿：「我錯了；不，她錯了。」我出聲了，我遲到。Emmy 報復地也讓我呆坐了十分鐘。在沙盤裡，用攻擊的場景呈現出負面的共移情，同時也瞥見藏在樹林裡的寶藏。之後我們談到我們的姐姐——我們共同的陰影。這又把我倆拉近。在下盤時，Emmy 得到了鑰匙，而打開了寶箱。在沙遊治療受保護的環境裡，Emmy 體驗到正面和負面的移情，能量渲泄了。在最後的沙盤裡，流動在生命之河的水可被水車運用，而為世界來工作。

　　Michael Fordham 曾對我說他不喜歡用沙遊來治療，因為他要個案在移情中看到他自身的巫師而不是在沙盤中的物件看到。但事實上，沙遊治療並不會阻止個案看到治療師自身的巫師。Emmy 把我看成善與惡。她在我身上看到天使及邪惡巫師，她也在沙盤的物件中看到這兩者。當在治療關係安全的聖域（temenous）下經驗到對於巫師的憤怒，並是在一種可加強及賦予力量的方式時，寶藏就可找到了。

第三十七章

Debbie：死亡前的準備

　　Debbie 最近被診斷出肺癌，醫生告知她活不過兩年，她決定要用沙遊治療來做死前準備。我聽了後，覺得有些害怕。我曾讀過 Jane Wheelwright 寫的書——《一個女人之死》（*The Death of a Woman*）（1981 年），我蠻欽佩 Jane「陪伴」她的病人 Sally 的能力，Sally 也是死於癌症。Jane 能接受 Sally 的憤怒、感受她的憂傷及絕望，最後看著她步上死亡之路。我懷疑自己是否有這樣的能力陪一個人步入死亡的歷程。但事實上我用不著擔心，Debbie 並沒有需求我。她給予的比取拿的更多。

　　我們第一次見面時，Debbie 告訴我許多有關她自己的事。她六十歲，來自於完整的家庭，下有弟妹各一。媽媽曾希望她能像妹妹一樣活潑好動，但她是個「書蟲」，她喜歡唸書。她的弟弟也喜歡唸書，父親把他送進了大學及研究所，之後，他進入專業領域服職。但是對 Debbie 則完全不同了，父親認為女孩子不需要太多的教育。他供 Debbie 唸完高中及兩年「師範學院」；畢業時，她拿到了教師證書。

　　Debbie 教了一陣子書。二十一歲時，她首次墜入情網，隨後就結了婚。婚後的生活並不快樂，她與先生不和，性生活也問題重重。Debbie 把夫妻間的性問題看成是自己的過錯。畢竟先生已看過分析師，所以一定不是他的過錯。她的憂鬱症時好時壞，她煙癮大，酒又喝得兇，有次甚至服下過量的安眠藥。她知道自己需要心理治療，但先生卻無動於衷，充耳不聞，因他不要同事們知道自己的太太需要心理治療，尤其是性方面的治療。二十五年風風雨雨的婚姻走來，著實辛苦。在兒子們二十多歲時，Debbie 和先生離了婚。

　　之後，她用離婚的贍養費接受了心理治療。她找一個容格學院女分析師，執照候選人，接受治療近四年之久。後她因「經濟因素」而停止了治療。當時她認為自己不再需要治療了；許多問題已澄清，她戒了煙酒，也不再憂鬱。

　　過去幾年，Debbie 過得十分愜意。她的住家充滿了花和書籍，她悠遊其間，寫詩自娛。自離婚後，她沒有認真的和異性交往過，但卻交了許多女性朋友。她與兒子們、兒媳們的關係融洽。她唯一的遺憾是自己沒有一份正職的工作。她覺得自己應要有份有給職、有「受聘」的工作，但除了寫詩外，她對其他事都沒有太大興趣，她說寫詩是沒有辦法賺多錢的。

　　在度假前的數個月，她因不停咳嗽而去看醫生。醫生懷疑她得了肺癌，要她做進一步檢查，Debbie 卻拖到旅行回來後才做。檢驗結果顯示她右肺部有癌細胞，且已擴散到左肺及淋巴腺。醫生坦承這肺癌是不可能治癒，她大約只有兩年生命可活，醫療僅能幫她控制疼痛。

　　Debbie 說為了「把自己整理好並做死亡前的心理準備」，她要做沙遊治療。當我問及她的宗教信仰時，她說自己是個不可知論者（an agnostic）。小時候，她曾去過新教的主日學，也帶自己的兒子們上教堂，但她從未真正「信仰」過宗教。雖然如此，她仍是敬畏宇宙的。

　　我建議 Debbie 在接受沙遊治療的同時，接受另一位男性精神科醫師／分析師的數次分析會談；一方面在我休假期間，有這位同事支援；另一方面，我需要我認識的人追蹤她身體的療程狀況。還有，這位同事以前也得過肺癌，如今已痊癒。雖然 Debbie 不喜歡看男性醫師／分析師，但接受了我的轉介，而他們之間有滿意的接觸。

　　在我們二十一個月的相處中，Debbie 來了二十次，做了十四盤沙遊。Debbie 選樣不是每週來。很清楚的，她不想太依賴治療師。

　　下面我將討論她的沙盤，我不想討論所有的細節，也不想整盤解釋，我僅追蹤持續的主題，以下就是 Debbie 的主題：

　　1. 接受死亡的判訣。Debbie 已經開始接受她想要的心理治療。但剛開始和她談到罹患癌症一事時，她幾乎沒有表露什麼的情緒。

2.轉化她對父母的負面印象（她的父母已雙亡）。

3.減少她對前夫及他們之間未解的性問題的恨意。

4.面對男性時，不會因自己的女兒身而自卑。

5.能解除因沒有工作所帶來的罪惡感。

6.減少她對依附與疏離的衝突（這在共移情中她有處理）。

7.在沒有任何宗教系統的協助下，與死亡的未知世界接觸。

Debbie第一盤沙（見第二十一章第十三盤）的整體印象是：它分內區及外區，內區裡充斥著許多樹和動物，但在外區的邊緣幾乎是空的。記起Debbie來做沙遊是為死亡做準備，我想喧鬧的內圍可能代表生命，而空無一物的外圍則代表著死亡。結束此景時，Debbie在右下角放上紅橋，把內外圈連接起來。在這第一盤，她就似乎想把已知的生命和未知的死亡連接起來。

除了橋之外，在此盤中還有其他的連接物。右下角藍色串珠狀蛇（它也不斷出現在未來數盤中）朝向橋，仿佛要做第一個穿越生死的生物。又如住在海裡又有星星的形狀的海星（在盤面上看不見），代表著水和天空的連接。

盤內尚有兩隻龜，上方陶製的龜凌駕水面，右方的褐龜較小，被樹擋著。龜是連接對立兩極的天生好手。它們的身體象徵性的結合了兩組的對立兩極：似男性陰莖的頭和頸，代表著男性而圓形的殼代表了女性；圓穹形的殼代表著天空而下面方形的護胸甲則代表著大地。

龜是長壽的動物，它們活百歲是常見的現象，而中國傳說裡還盛傳它們可活到三千年。這的確是接近長生不死也許她想用盤中的龜來否定自己的必死性。但，另一方面來說，她的使用烏龜可能暗示著某種的長生不死。

我們同時也看到數個自然再生或治癒的形像，與否認永遠失落或意識到某種轉化的主題是一致的。想在過橋的蛇代表著再生因為蛇定期蛻皮而長新皮）。左邊的孔雀，在多個文化中，被視為長生不死，因它的肉不易腐敗。又，在煉金術及早期的基督教，孔雀是復活的象徵。河流下方的螃蟹與海星有能力更新自己部分的身體；螃蟹，在西

方星座命相代表著「巨蟹座」的標誌，會生出新殼來承載成長後的新身體，而海星則能在一隻足斷掉後，另生一隻。

盤中央兩棵高大纖細樹的上方有黑色的轉輪，輪的右方是銀色的城堡，兩者之間站著一個著白服的女孩。Debbie說這女孩是睡美人。我自忖這是另一個連接永生不死的線索。在睡美人的童話故事裡，未受邀的嫉妒女巫對嬰兒公主下詛咒——在公主十六歲時，她會在紡紗時，手被刺傷而死。於是國王嚴禁城堡及全國放置織布機，用此來保護女兒。但在十六歲那年，公主自行找到通往城堡閣樓的通道，她走上去，見到一名老婦正在紡紗。老婦鼓勵她學習紡紗，公主因而刺到手指，倒落在地。但因一位仁慈的婦人把死亡咒語改為沈睡一百年，因此公主未死。一百年後，王子找到沈睡著的公主，用親吻將她復活。兩人熱戀後結婚，過著幸福快樂的日子。

當我想著公主沈睡而非死亡的事實時，Debbie卻把重點放在國王不允許公主學習紡紗而阻礙了公主成長的事實。當她告訴我這個想法時，我才明白在某方面來說，Debbie的父親不讓她上大學，阻止了她的成長。

Debbie最後擺上的東西是左上角大樹下的聖母像。她說她原先不想把它放入沙盤，因為她對基督教的象徵頗為存疑，但內心裡卻有某個東西要她把它放進去。

Debbie的第二盤沙（見第二十一章第十四盤）內區外區再次連結在一起，但這次的連結不是靠便橋，而是藉濕泥砌道完成。Debbie自己用濕沙把它建造；她是更積極地在建結她的內在與外在。這次的外區也不再是空無一物。在那裡有幾個形象，包括幾棵樹，那顯示出外在成長的可能性。

右下方的五個物件都與宗教或祖先有關。兩個黑色的東西是圖騰柱；有些西北部印第安人的宗教視圖騰柱為連接部落和動物祖先的媒介物。兩圖騰柱之間放的是十字軍武士的頭顱，十字軍是中古世紀為宗教而戰的武士。頭顱的後方有 Kachina 娃娃，身著華服，頭戴羽毛頭盔。西南原住民的宗教裡，Kachina 代表神秘的祖先，緊鄰娃娃旁

的灰色人物是抱著嬰兒的馬雅神。

　　這次內區的物件比較少。上次的藍串珠形蛇這次放在盤中央。周旁有形成一圓圈的五種光源——太陽、三個玻璃瓶蓋（常用來當燈）及蝸牛頭上方的燈籠。光的存在顯示著一種啟發，一種更擴大的知覺，它現已與蛇連接。

　　蝸牛似乎是從外區進來的。蝸牛常被視為上方有意識知覺的自我（由堅硬的外殼代表）及自我之下所盤踞龐大的無意識（由柔軟的蝸牛下體代表）的一種結合。蝸牛螺旋形的外殼也常被視為一種靈性的象徵。仿佛它慢慢地，漸漸地把靈性從無意識的外區帶進比較是有意識的內區。

　　右下角的芭蕾舞伶是Debbie放入這盤最後的人物。她說有段時間她對舞蹈很感興趣。她把部分生命放在外區，那死亡地帶。

　　當她結束這盤時，我做了一件平時不會做的事。我問她是否想再排一盤。也許在某層次，我察覺到她需要一個機會來做一個彌補的景像。她很高興我這個提議。於是她排了下一盤（見第十五盤）。

　　Debbie開始時在左上角放了個她說是「可怕」的物件。這物件常被視為死亡的兇惡代表物（骷髏頭在盤面上，無法見到它）。稍後她在骷髏頭的下方加了黑色的蝙蝠。

　　在左下角，Debbie放了五個她所說「如惡夢般可怕」的菩薩，他們的肢體被截短，沒有腿或眼皮。菩薩是印度的聖人，他不吃不睡，盤坐九年，一心等待著開悟。九年間，他的腿部萎縮。有一次當他睡著而閉眼時，他生氣地扯掉自己的眼皮。這些古怪的形體可能反映出Debbie對身體惡化的恐懼；對癌症患者而言，通常對身體惡化的恐懼與對癌症死亡的恐懼幾乎是一樣大的。

　　Debbie在盤中還擺了其他可怕的東西——一張橫眉豎目的臉，一個食屍鬼似的頭，一個怪異的難以歸類的生物，它們都在盤中央沙堆上。此外，她在兩個沙堆四周放上幾隻鱷魚。鱷魚會吞食。左邊沙堆的下方則有一些老鼠。老鼠會啃嚙。也許Debbie覺得自己正被癌症啃嚙及吞食。

　　老鼠們旁邊是個女巫，這或許和Debbie的個人母親或我的負面母親形象有關聯。當時我坐在沙盤左邊，最靠近女巫的位置。右上角五個帶攻擊武器的軍人則可能代表Debbie的怒氣。因此這盤呈現的有恐懼，也有憤怒，她已不再否認她負面的情感。

　　我不知道如果沒有先前所排比較正面的盤，Debbie是否能排出這盤？或許她必需排這盤，因為上盤太正面了，而她必需有補償的經驗。不論如何，她能把恐懼與憤怒具體呈現在沙盤中，在共移情的安全氣氛下，更深入體驗這些負面情緒。Debbie在治療過程中從沒有直接談到這些情緒，在沙盤上表達及體驗它們，已是足夠了。

　　Debbie隨後在右下方加上男巫，及其魔力水晶和兩隻蝴蝶（視為靈魂的代表），蝴蝶在男巫上方飛舞，她說：「我要心存希望。」我不認為希望是否認，當人在絕望時，希望是主要的養分來源。

　　Debbie在做下一盤開始時在櫃子上取下金皇冠和銀皇冠。她說它們分別代表著太陽和月亮。她把兩個皇冠試放盤中不同的位置，但都覺不妥，最後終於安置在左下角，用沙覆蓋，並在上端放置兩個玻璃瓶蓋。顯然皇冠對她來說是重要的，但目前她還沒準備好要用它們，因此把它們埋在沙裡，做上辨識地標，供日後使用。

　　Debbie又把那常用的藍色串珠形蛇拉一拉，置大型漂浮木上，俯瞰一切。在蛇的上方，她加入紡紗機，似在提醒人們命運殘酷無情的轉輪。Debbie重述睡美人故事對她的重要性，再次把不能紡紗的無奈與失業的內疚連結在一起。這是她責備父親不供她上大學最明顯的一次。

　　Debbie在盤上加了兩個拳擊手後，開始談到過去和妹妹的爭吵。她不記得爭吵的內容，只記得她們姐妹倆不斷的爭執。姊妹常是彼此生命中的陰影；而在生命的此刻，她願意和自己的陰影角力。如果她能在此時與自己的陰影角力，或許死時會覺得內心較平靜些。

　　之後Debbie放進一些懸掛的滑翔機，她把線圈放在盤後櫃子的瓶裡。她說：「滑翔機要飛下來了。」那時我以為她的意思是滑翔機會飛下來救她。現在我才了解這是預告著一個在天與地之間有更多的聯

繫的主題，這個主題在後續沙盤中變為蠻重要。

在下盤（見第十六盤），Debbie 在盤中清楚的把男性與女性特質劃分開來。她把男性特質物體放在右邊。一個小銅製的十字軍、雄麗、公獅和犀牛；女性特質物件則放在左邊。美人魚、威倫多夫維納斯、橫躺的母牛、抱嬰兒的印第安婦人、希臘母神及女人／樹。

整個沙盤有性的意味。不少小組有女性拒絕男性受孕的涵義。從男性那邊（即右邊）來的雄偉巨蛇爬行到中央，仿佛要讓那藍頭蛇保護著的女性湖泊受孕一樣。左上方的女人／樹讓人憶起戴芙妮（Daphne）被太陽神阿波羅追逐時，把自己變成一棵樹來逃避的神話故事。美人魚沒陰部卻有尾巴。也許在此景象 Debbie 是以某種潛意識的方式來承認在與前夫不和諧的性生活裡她所扮演的角色。

一個全身白色的男死者拿著一朵花，站在美人魚後方。白色死者與 Debbie 在第三盤（見第十五盤）所用的黑色死者不同。它看起來像似獻花給美人魚，仿佛對於死亡的來臨提早暗示著它是一種結合（coniunction）一個神聖的婚姻，是愛與死（Liebestod，譯者註：Wagner 在他的神劇「Tristan and Isolde」用此名詞來當序曲及最後一幕的標題。Isolde 在他的愛人 Tristan 錯以為 Isolde 將死而殉命時為他所唱的就是 Liebestod，意思是愛與死）。

這盤也有一些物件透露著新生的可能。左上角有一個被龍保護的巨蛋。在它前方有一顆被有翅膀的蛇纏捲的宇宙蛋。Debbie 再次放入聖母像。這偉大母親所代表的滋育與扶持，也許能幫助她挾持與經驗這盤上正在發生的關於男性特質與女性特質的分離與結合。

Debbie 在下盤（見第十七盤）有更多新的發展——盤中央有五個小嬰兒。左上方有幾個滋育的女性：在溫暖火堆旁抱嬰兒的印第安婦人，製作穀類食品的印第安婦人，及肩負水罐的婦人。左邊的樹後站著一頭獅子，它看起來是個保護者，而非兇惡的攻擊者。這兒 Debbie 體驗的是女性的滋育及男性保護的形象；這些正面的形象也許有助於彌補她內心對父母所持有的負面形象。

盤的右下角有許多貝殼，以更抽象的形式代表著女性。飛翔的海

鷗代表著靈性的層面。又因海鷗往返於天空、地面及水上，它們象徵著在這三種元素之間有了連接。

藍串珠形蛇纏繞在右上角的高樹上。周圍有四隻鴿子。讓人想起宇宙樹的樹根常有巨蛇盤繞，而樹頂則有鴿子駐留。根據聖經記載，宇宙樹乃生命之樹及知識之樹結合生成。它也同時結合了三個時空──天上、人間及冥府。

Debbie 稱藍頭蛇是她的「印記蛇」（signature snake）並說她需要在這盤中放入這條蛇。盤繞的蛇捲成圓形，並被狀似陰莖的樹穿透，象徵著另一次的結合，或聖婚的經驗。

Debbie 在下盤（見第十八盤）盤中布滿了星星，她用兒童積木做了個大星星，又在左右兩邊的沙堆上排上不同種類的星星。在第二盤（見第十四盤），她用沙做成橋，成為聯結已知和未知的集合點，現在她用積木做星星，放在沙堆上，再次結合天地、已知和未知。

Debbie 用十二枚金幣裝飾她所造的星，並用兩條蛇在旁保護著它們，其中一條是一般民間的蛇，另一條則是 Debbie 的「印記蛇」（即藍串珠形蛇）──她重要的身分代表。這條蛇很平穩，正準備攀上右邊沙堆，從地面爬往天際。在第一盤（見第十三盤），這串珠蛇正開始爬過連接內區與外區的平橋，在此它則與開始爬上那由地面往天堂的高山。Debbie 再度在已知與未知、生與死之間做了象徵性的連接。剛開始時的連接是水平面的，而現在的連接則呈垂直面的。

當 Debbie 再訪時，她宣告：「我想要暫停一會兒。我也暫停與 Dr. X 的會談。因為我想要休息一陣子。」我提醒她我這個月即將旅行一事，她表示完全遺忘此事。藉著「遺忘」，她避開我離去所引發的不安情緒，而由她中斷治療，她避免被棄的感覺。她選擇在我離開她之前先行離開。後來我們決定在度假前，她再來一次，做沙遊幻燈片的回顧。

稍後，Debbie 做了下盤（見第十九盤），我稱它為「身體盤」（a body tray）。她先在左盤放上一個寶塔，之後又在左下角造一個花園水池。在某些層面上，這些可代表陰莖（高塔）和陰道（圓形水池），

因此本盤仍持續著上幾盤男性與女性特質結合的主題。

之後Debbie把右邊蓋成兩座沙堆。她看了一會，決定在其旁加蓋一座沙堆。她說她之所以要蓋第三座沙堆，是因為怕其他這兩個沙堆看起來像是乳房。稍後她在左邊又蓋了第四座沙堆。她把玻璃珠放在右邊三座沙堆頂上，左邊沙頂則放了一個蛋。所以，她不只蓋了兩個，或三個，而是四個乳房，每個上頭都聳起的乳頭！她在右邊的沙堆上擺了一面鏡子，部分的鏡子被沙蓋住，她說要讓鏡子看起來小一點。

她不要有被哺育的想望（被否認的乳房）。她不要有被鏡映需要（半遮蓋的鏡子）。她不要像個孩子一樣依賴著自己的母親。她對人與人的情感依附抱持著遲疑的態度，特別是在心理治療將被中斷時。之後在離開前，她小心地把金鍊及有色紗線串聯著所有沙堆，以及藍色串珠印記蛇，因而一切都連結在一起了。她說：「我要每一樣東西連在一起。」

Debbie在這次治療表現出內心的矛盾掙扎——獨立與依賴、親密與疏離的衝突。她以「我要停止」開始，卻以「我要連結一切」結束。

Debbie下盤的重點（見第二十盤）是內區的小嬰兒。嬰兒周圍有四匹天藍色的馬。它們似乎給嬰兒一種心靈上的保護，而他的兩旁各有的圖騰柱則給他祖先的保護。這中央的圖景給人聖嬰誕生的印象。對Debbie來說，這景應與她剛誕生的孫子有關。她曾期望自己能活著看到她第一個孫兒的誕生。這盤沙也似為她具體展現了永生的傳承，從過去的祖先到未來的新生代。

在這盤，Debbie所用的圖騰柱比以前她用的還高，也是我蒐集的物件裡最高的圖騰柱。她把圖騰放在沙堆上，把沙堆延展伸向天際；再一次的把下方與上方垂直式的連在一起了。

盤的四個角落都被Debbie擺上具特別象徵意義的物件。在右邊有兩個女性象徵物，美人魚在下方而及希臘女神在上方。在左邊則是兩個男性形體，下方的十字軍武士頭及chacmool在上方。在托爾鐵克宗教（Toltec religion），chacmool 是貯放獻給雨神祭祀物即犧牲者的心

臟的地方。這是為播下新籽向雨神祈雨的儀式，以使新生命得以成長。顯然在此有犧牲與新生命的開始，死亡與誕生必然的關聯。

在下盤沙（見第二十一盤），恐懼又回來了——五個菩薩又出現在左上方。而摔角者在左下角出現。水中的大黑鯨及白鯨面對著摔角者的挑戰，加深他們之間及任何對立兩極之間爭鬥作戰的印象。以前Debbie與自己的陰影掙扎，現今這種掙扎可能已延伸到更大的生與死（生命的陰影）的掙扎。凡法蘭茲把瀕死個案所做的角力解釋為與死亡的角力（von Franz, 1987, p.22）。

盤上正好在摔角者的對角線上有三個嬰兒，一個在嬰兒車上而兩個則在地上。一些龍在一旁守護著他們。他們身邊有顆宇宙蛋，就是那生出宇宙的蛋。

在右下方，亦即在可怕的菩薩們的對角方位是一隻毛絨絨的熊，通常被視為溫暖的母親，一隻雄偉的公麗及小麗。不同種的動物家族在這裡出現。右盤的物群彌補了左盤的負面形象，但兩者之間卻沒有橋樑連通，它們各自孤立地置留原處。

在這恐懼再出現的沙盤之後，Debbie做了一個把憤怒具體化的沙盤。她在盤內放了一座火山，它能噴出可怕的憤怒能量，之後又放上一座香爐，它則能安全地存放憤怒的能量。她經驗到的憤怒是它即具有潛在的爆發力，且可被安全的抑制。這盤與她第三盤（第十五盤）的順序是一致的，她在顯現恐懼後，才出現憤怒。然而她在整個沙遊治療過程中，從未用語言直接陳述過內心的恐懼或憤怒。她只在沙盤上處理這兩種情緒。

下盤（第二十二盤）的中央，有一大片水，水中有一小島冒出。太陽照著小島即兩個嬰兒躺在其下方——一個裹著藍布，另一個則裹著粉紅色的布，一個男孩和一個女孩。仿佛代表意識的太陽已經從無意識的水裡浮出，而隨著意識的提升，Debbie體驗到男性與女性是平等的。在創造出這兩性平等的沙盤後，Debbie已在轉化先前內在「男尊女卑」的觀念。她原先「女性卑下」的感覺可能是在與父親的互動中引發，父親認為女孩受教育的價值不及男性。再加上前夫忽略Debbie

的需求，認為與自身的需求相較之下，她的需求微不足道。

　　一個圓形的旅程圍繞著水，這旅程沒有起點，也沒有終點。它是一個圓形而非直線的旅程。這圓呈順時針方向，是進入意識的方向。

　　Debbie 的下盤（見第二十三盤）呈現平安與寧靜的整體印象，她稱它為「田園場景」（pastoral scene）。許多動物來到右邊的水池喝水；在盤正上方中央處，有個農夫「照顧著這一切」。當她把威倫多夫維納斯（Venus of willendorf）放在動物中間時，她說：「這農地很肥沃。」，並在維納斯旁放上希臘女神。此時她述說自己最近常想起母親，她說：「二十八歲那年，我做腎臟手術，媽媽來醫院看我，我還記得她走在大廳時的腳步聲，人在生病的時候，就是需要媽媽。」她對父母的負面形象，此時也較轉化為關愛的形象。這盤反映出的除了寧靜外，尚有關愛及富饒多產。

　　這時 Debbie 讓人有種滿室寧靜祥和的感受。她的身子雖然虛弱，走路需要柱著拐杖，連排沙時起也要坐在椅子上才能進行。但她的聲音聽起來異常堅強，比她以前任何時候都要堅強。我看到的是一個外表脆弱不堪，內在核心卻完整堅強的女性。她說她覺得很累，卻沒覺得必需做什麼事，她已從無業的罪惡感中釋放出來。她說：「沒有工作也沒關係，這是種美好的感覺，我並不一定需要自己成為什麼樣的一個人。」

　　在 Debbie 的最後一盤（見第二十四盤），藍串珠形蛇戴著一頂金皇冠盤捲在沙盤中央。當她在第四盤把它埋在沙底時她指認這皇冠是太陽。在此，當她把太陽─皇冠戴在蛇的頭上，而蛇的家就是陸地，她再次也是最後一次把天空和陸地、未知和已知結合在一起。金冠也可視為本我的形象，而藍串珠形蛇則為她自我中最重要的本質。在此，本我的神聖性結合了她人生經歷的精萃並加以封冠。

　　這是第一次蛇盤捲的方向為逆時鐘的方向，這個方向在傳統上代表是往下深入無意識。也許 Debbie 意識到在死亡時刻會有個倒轉──已知和未知的倒轉。在死亡時刻，這已知、這自我認同這個我，變成未知；個人的自我─蛇會往下走，消失在無意識裡。而另一個，在上

面的,那未知卻在死亡時刻,成為已知。

左邊的聖母像站在靜置在地上的弦月上。因此,月亮和太陽同時歸返盤面。先前她埋藏留作日後用途的金銀雙冠,如今均現身出土。在這二盤時是環繞著蛇,而在第四盤是被當為標誌埋藏皇冠的地點的,玻璃瓶蓋現被置於這盤的下方中央。這些玻璃瓶蓋此時可置於旁邊了。

以前Debbie用過的幾種動物,如今都在盤中見證了加冕典禮。此外尚有橘紅色的蛇髮女妖梅杜莎(Medusa),她在盤正中央的上方。當Debbie放入梅杜莎時,她說:「這個女妖很有威力。我真需要它。我需要體力。」而聖母則提供她靈性的力量。

最後 Debbie 在封冠蛇的上方放了兩隻蝴蝶。這是她在第三盤時(見第十五盤),也用過的蝴蝶,來代表希望。

在做最後一盤之後,Debbie 沒有體力再來治療室了。在我提議之下,我把沙遊幻燈片帶去她家,與她一起看。在回顧時,她躺在沙發上,做出適當的有時甚至是很生動的發言。當她看完所有的幻燈片時,對她而言,似乎有種劃下句點的感覺。她已準備好要面對死亡,不是誇張的,也不是卑屈順從的,她只是準備妥當了,如此而已。

此後在每個禮拜我們約定的會談日當天,我會在中午時分打電話給她,問她需不需要我過去她家,Debbie的會談時間正好是我當日安排的最後一個會談。有時她要我去,有時她則拒絕;但她總對我打電話一事表示感謝。有次Debbie說她知道她就要死了,但卻又感覺這不像死亡的況味,「當然,我怎麼會知道呢?我又從來沒死過。」她自我解嘲地說。

在我度假的前幾天,我又致電Debbie。她當時很疲累,卻想親口告訴我一個她前晚做的夢,她說她喜歡這個夢,如能親口告訴我這個夢,會使這夢更真實。

這是我們最後的接觸。當我度假回來,我從 Debbie 的兒子知道Debbie已去世。她死時安詳,沒有痛苦,直到臨終前一晚,醫生才給

她打止痛劑。她死前的一個月，參加了她孫子的一歲生日慶宴，而死前的一週，兒子兒媳們都到她床前，與她道別。

在結尾，我要告訴你 Debbie 在我們最後見面時所談到的夢：

　　我在一個很美的鄉下，眼前有一棟白色維多利亞式的建築，寬敞的陽台旁圍著白色的欄杆。這是一棟古老式的房子，像我剛結婚時所住的房子，那時我先生正好在該研究所。綿延的大地翠綠可人；不遠處，我看到一群人在掘土。我心想：「他們正在準備我的墳，這就是我的葬禮。」這真是一個美麗怡人的地方。如果我能為自己選擇一個埋葬之處，這一定是我會選擇的地方了。

附錄一

我在讀個案總結報告時會注意的事項

在個案總結報告裡，我首先重視的是在申請執照的治療師在執行心理治療時，是否謹守心理治療的基本原則，珍惜並尊重它們：

1. 接受個案並尊重個案的獨特性（個別差異）。
2. 尊重一個人與無意識的關係。
3. 有同理心並且欣賞所經歷的過程。
4. 尊重個案的自我療癒能力。
5. 不強行干擾個案的歷程。
6. 尊敬及懂得一些與自己不同的取向的知識，包括宗教、文化及性別。
7. 了解不同年齡及不同性別所背負的不同的生命任務。
8. 對急性及慢性的身體及心理狀況有充分認識，以便在適當時機來轉介給其他專業人士。特別注意毒品及亂倫的問題。
9. 有能力處理及適應突發意外事件。
10. 有能力辨識出大部分的共移情，並予以適當回應。知道何時需要尋求諮詢。
11. 懂得需要去尊重醫生與病人關係的界限。以適當的距離及溫暖遵守彼此的界限。
12. 謹慎處理保密事宜及其他專業倫理道德問題。
13. 有紀律的並小心地記寫及保存個案資料。

註：個案總結報告是指在申請 STA 執照時即必做的一個最後步驟，而 Kay Bradway 博士是數位評鑑總結報告的老師之一。因此，她寫出對於想拿執照者的治療師之建議。

　　由於不可能在一份報告裡看到所有上述各項要求，我則會注意申請執照的治療師不會犯上述任何過失。

　　第二，除了上述之外，我會在報告裡就以下各點判斷是否申請當已具備合格沙遊治療師的資格：

1. 有證證表示出個案確實受益於沙遊治療，而且沙遊的應用對個案的改進有重大貢獻。

2. 根據下列幾點，有能力去了解沙盤上的物件：
   ・個案的個人生命經驗
   ・個案成長的文化背景
   ・物件的原型意義
   ・反覆出現的物件
   ・物件放置的順序，如第一、最後。
   ・物件排放的先後順序，如哪個放在這之前，哪個放在這之後。
   ・物件與治療師在會談室位置之間的關係。
   ・物件對個案當時的個人意義，通常是回顧時，才會真相大白。

3. 有能力在沙景上看出個案如何使用物件表達對治療師的憤怒、愛或其他情緒，並且懂得治療師在這方面擔任的角色。

4. 有能力在沙遊進展時，了解整個歷程，包括注意到塑沙或撫平沙的動作、長寬高的使用、界限的改變、物件的相互關係、乾或濕沙、活潑的或是靜止的安排，景觀，混亂或和諧等。

5. 有能力把沙盤景觀與個案其他資料連接起來，如夢、外在生活、過去經驗、家庭問題、共移情及身體狀況。

6. 紮根於容格理論及其他心理發展的基礎理論，如Neumann、Fordham、Winnicott 或 Klein。

7. 正確使用下列字詞：原型（archetype）、象徵（symbol）、陰影（shadow）、阿妮姆斯（animus）、阿尼瑪（anima）、自我（self）、本我（Self）、曼陀羅（mandala）、超越的功能（transcendent function）。

8. 至少了解一些常被用來解釋沙遊及夢的框架，如煉金術（al-

chemy）、輪穴（chakras）、童話故事與神話（fairy tales & myths）。把這些觀念架構清楚地與臨床的材料，即有血有肉的個案結合。

9. 正確地參照童話故事、神話和其他文學出處，再把這些資料適當溶入報告的論文，避免引用與個案無重要關係的參考資料。

10. 避免依賴食譜式的解釋，如多次參考並依賴象徵解說書籍。

11. 有能力把沙遊過程做個總結，使它成為一個有意義的內在歷程。

12. 簡潔。

最後我會注意以下四點，但儘量不受它們太大的影響：

1. 照片要清楚。

2. 照片的標籤要清晰一致。

3. 寫作、文法、拼字都要清楚明確。

4. 正確列出參考資料。

附錄二

Kay 的短詩

知道你的害怕
悲慟你的傷痛
珍愛你的希望
尊重你的需要

給予中分享
運用你的勇敢
保存你的敬畏
溫和對待挫敗

擁有你的憎恨
探索你的忌妒
說出你的怒氣
哭出你的傷心

活出你的愛心
成為你的喜樂
珍惜你的生命
尊崇死亡

參考文獻

Allan, S. (1991) *The Shape of the Turtle: Myth, Art and Cosmos in Early China*, Albany, NY: State University of New York Press.

Amatruda, K. and Simpson, P. (forthcoming) *Sandplay – The Sacred Healing: A Guide to Symbolic Process*, Boston, MA: Sigo.

Ammann, R. (1991) *Healing and Transformation in Sandplay*, LaSalle, IL: Open Court.

Beebe, J. (1992) *Integrity In Depth*, College Station: Texas A&M University Press.

Bolen, J. (1984) *Goddesses in Everywoman*, San Francisco: Harper & Row.

Bradway, K. (1978) "Hestia and Athena in the analysis of women," *Inward Light* 41, 91: 28–42.

—— (1979) "Sandplay in psychotherapy," *Art Psychotherapy* 6, 2: 85–93.

—— (1982) *Villa of Mysteries: Pompeii Initiation Rites of Women*, San Francisco: C.G. Jung Institute of San Francisco.

—— (1985) *Sandplay Bridges and the Transcendent Function*, San Francisco: C.G. Jung Institute of San Francisco.

—— (1987) "What makes it work?," in M.A. Mattoon (ed.) *The Archetype of Shadow in a Split World*, Einsiedeln, Switzerland: Daimon Verlag, pp. 409–14.

—— (1990a) "A woman's individuation through sandplay," in *Sandplay Studies: Origins, Theory and Practice*, Boston, MA: Sigo, pp. 133–56.

—— (1990b) "Developmental stages in children's sand worlds," in *Sandplay Studies: Origins, Theory and Practice*, Boston, MA: Sigo, pp. 93–100.

—— (1990c) "Sandplay journey of a 45 year old woman in five sessions," *Archives of Sandplay Therapy* 3, 1: 68–78.

—— (1991) "Transference and countertransference in sandplay therapy," *Journal of Sandplay Therapy* 1, 1: 25–43.

—— (1992a) "Sandplay in preparing to die," *Journal of Sandplay Therapy* 2, 1: 13–37.

—— (1992b) "Sun and moon in sandplay," *Journal of Sandplay Therapy* 1, 2: 47–9.

—— (1993) "Sandplay toriis and experiences of transformation," *Journal of Sandplay Therapy* 3, 1: 32–43.

—— (1994a) "Sandplay is meant for healing," *Journal of Sandplay Therapy* 3, 2: 9–12.

—— (1994b) "Sandplay of 'home' and 'career' women: initial and final scenes," *Journal of Sandplay Therapy* 4, 1: 36–45.

Bradway, K., Signell, K., Spare, G., Stewart, C., Stewart, L. and Thompson, C. (1990) *Sandplay Studies: Origins, Theory and Practice*, Boston, MA: Sigo.

Bustard, R. (1973) *Sea Turtles: Their Natural History and Conservation*, New York: Taplinger.

Campbell, J. (1974) *The Mythic Image*, Princeton, NJ: Princeton University Press.

—— (1983) "The way of the animal powers," *Historical Atlas of World Mythology*, 1, London: Summerfield.

Carr, A. (1967) *So Excellent a Fishe* [*sic*], Garden City: Natural History Press.

Cavendish, R. (ed.) (1983) *Man, Myth, and Magic*, 5, New York: Marshall Cavendish.

Cram, R.A. (1966) *Impressions of Japanese Architecture*, New York: Dover.

Dieckmann, H. (1986) *Twice-told Tales: The Psychological Use of Fairy Tales*, Wilmette, IL: Chiron.

Edinger, E. (1985) *Anatomy of the Psyche: Alchemical Symbolism in Psychotherapy*, LaSalle, IL: Open Court.

Fordham, M. (1969) *Children as Individuals*, New York: Putnam's Sons.

—— (1978) *Jungian Psychotherapy: A Study in Psychology*, New York: John Wiley.

Freud, S. (1915) "Papers on technique of psychotherapy," *Standard Edition of the Complete Psychological Works of Sigmund Freud*, 12: 97–157, London: Hogarth.

Gassner, S., Simpson, H., Weiss, J. and Brunner, S. (1982) "The emergence of warded-off contents," *Psychoanalysis and Contemporary Thought* 5, 1: 55–75.

Gillmar, J. (1994) *Beauty as Experience and Transcendence*, Ann Arbor, MI: UMI Dissertation Services.

Goodheart, W. (1980) "Review of Langs' and Searles' books," *San Francisco Jung Institute Library Journal* 1, 4: 2–39.

Gordon, R. (1993) *Bridges: Metaphor for Psychic Processes*, London: Karnac.

Graves, R. (1957) *The Greek Myths*, 1, New York: George Braziller.

Jung, C.G. (1928) *Contributions to Analytical Psychology*, New York: Harcourt, Brace.

—— (1953) *Psychology and Alchemy, Collected Works*, 12, New York: Pantheon.

—— (1954a) *The Development of Personality, Collected Works*, 17, New York: Pantheon.

—— (1954b) "Psychology of the transference," *The Practice of Psychotherapy, Collected Works*, 15: 164–340, New York: Pantheon.

—— (1956) *Symbols of Transformation, Collected Works*, 5, Princeton, NJ: Princeton University Press.

—— (1961) *Memories, Dreams, Reflections*, New York: Pantheon.

—— (1963) *Mysterium Coniunctionis, Collected Works*, 14, New York: Pantheon.

—— (1967) *Alchemical Studies, Collected Works*, 13, Princeton, NJ: Princeton University Press.

—— (1969a) *Psychology and Religion: West and East, Collected Works*, 11, Princeton, NJ: Princeton University Press.

—— (1969b) *Structure and Dynamics of the Psyche, Collected Works*, 8, 2nd edn, Princeton, NJ: Princeton University Press.

—— (1971) *Psychological Types, Collected Works*, 6, Princeton, NJ: Princeton University Press.

—— (1973) *C. G. Jung Letters: 1906–1950* (ed.) G. Adler, Princeton, NJ: Princeton University Press.

—— (1976) *The Symbolic Life, Collected Works*, 18, Princeton, NJ: Princeton University Press.

Jung, E. (1957) *Animus and Anima*, New York: Analytical Psychology Club of New York.

Kalff, D.M. (1980) *Sandplay, a Psychotherapeutic Approach to the Psyche*, Santa Monica, CA: Sigo. A revision with a new translation of (1971) *Sandplay: Mirror of a Child's Psyche*, San Francisco: Browser.

—— (1991) "Introduction to sandplay therapy," *Journal of Sandplay Therapy* 1, 1: 7–15.

Kawai, H. (1992) "The sun and moon in Japanese mythology," *Journal of Sandplay Therapy* 1, 2: 39–46.

Kenton, E. (1928) *Book of Earth*, New York: William Morrow.

Kohut, H. (1984) *How Does Analysis Cure?*, Chicago: University of Chicago Press.

Kotschnig, E. (1968–9) "Womanhood in myth and in life," *Inward Light* 31: 16–30; 32: 5–23.

Langs, R. (1981) *Resistances and Interventions*, New York: Jason Aronson.

Lowenfeld, M. (1969) *Play in Childhood*, Portway Bath, UK: Chivers. (Originally published 1935 London: Gollancz.)

—— (1979) *The World Technique*, London: Allen & Unwin.

Menaker, E. (1974) "The therapy of women in the light of psychoanalytical theory and the emergence of a new view," in V. Franks and V. Burtle (eds) *Women in Therapy: New Psychotherapies for a Changing Society*, New York: Bruner/Mazel.

Mitchell, R. and Friedman, H. (1994) *Sandplay: Past, Present and Future*, London: Routledge.

Miyanoshita, H. (1964) *We Japanese*, Yokohama: Yamagata Press.

Neumann, E. (1959) "Psychological stages of feminine development," *Spring* 563–97.

—— (1973) *The Child*, New York: G.P. Putnam's Sons.

O'Connell, C. (1986) "Amplification in context: the interactional significance of amplification in the secured-symbolizing context-plus field," unpublished PhD dissertation, California Institute for Clinical Social Work.

O'Flaherty, W. (1975) *Hindu Myths*, Harmondsworth, UK: Penguin.

Rogers, C. (1942) *Counseling and Psychotherapy*, Boston, MA: Houghton Mifflin.

Romer, A. (1956) *Osteology of the Reptiles*, Chicago: University of Chicago Press.

Rudloe, A. and Rudloe, J. (1994) "In a race for survival," *National Geographic*, 185, 2: 94–120.

Rudloe, J. (1979) *Time of the Turtle*, New York: Alfred A. Knopf.

—— (1995) *Search for the Great Turtle Mother*, Sarasota, FL: Pineapple Press.

Ryce-Menuhin, J. (1992) *Jungian Sandplay: The Wonderful Therapy*, London: Routledge.

Searles, H. (1965) *Collected Papers on Schizophrenia and Related Subjects*, New York: International Universities Press.

Shuell, M. (1996) "The theory of sandplay in practice," unpublished PhD dissertation, California School of Professional Psychology at Alameda.

Signell, K. and Bradway, K. (1995) "Some answers to Skamania questions," *Journal of Sandplay Therapy* 5, 1: 16–35.

Spencer, M.J. (1977) "Mirror: as metaphor, as symbol," *Professional Reports, Fourth Annual Conference of the Societies of Jungian Analysts of Northern and Southern California*, 72–115, San Francisco: C.G. Jung Institute of San Francisco.

Stewart, L. (1992) *Changemakers: A Jungian Perspective on Sibling Position and the Family Atmosphere*, London: Routledge.

Thompson, C. (1990) "Variations on a theme by Lowenfeld," *Sandplay Studies*, San Francisco: C.G. Jung Institute of San Francisco.

von Franz, M.L. (1972) *Creation Myths*, Zurich: Spring Publications.

—— (1987) *On Dreams and Death*, Boston, MA: Shambhala.

Watson, J. (1992) "Pulling turtles out of the soup," *National Wild Life* April–May: 19–24.

Weinrib, E. (1983, 1992). *Images of the Self: The Sandplay Therapy Process*, Boston, MA: Sigo.

Wells, H.G. (1975) *Floor Games*, New York: Arno. (Originally published 1911 in UK. First US edition 1912, Boston, MA.)

Wheelwright, J.B., Wheelwright, J.H. and Buehler, J.A. (1964) *Jungian Type Survey: The Gray-Wheelwright Test Manual* (16th revision), San Francisco: Society of Jungian Analysts of Northern California.

Wheelwright, J.H. (1981) *The Death of a Woman*, New York: St. Martin's Press.

Williams, C. (1976) *Outlines of Chinese Symbolism and Art Motives: An Alphabetical Compendium of Antique Legends and Beliefs, as Reflected in the Manners and Customs of the Chinese* (3rd revision), New York: Dover.

Winnicott, D. (1971) *Playing and Reality*, New York: Basic Books.

索 引

國家圖書館出版品預行編目資料

沙遊—非語言的心靈療法／Kay Bradway,
Barbara McCoard著；曾仁美, 朱惠英, 高
慧芬譯. ——二版.——臺北市：五南圖書
出版股份有限公司, 2023.03
面；　公分
譯自：Sandplay：silent workshop of the
　　　psyche.
ISBN 978-626-343-811-8 (平裝)

1.CST: 遊戲治療

178.8　　　　　　　　　　112001321

1BY6

沙遊—非語言的心靈療法

作　　者 ― Kay Bradway、Barbara McCoard

譯　　者 ― 曾仁美、朱惠英、高慧芬

發 行 人 ― 楊榮川

總 經 理 ― 楊士清

總 編 輯 ― 楊秀麗

副總編輯 ― 王俐文

責任編輯 ― 金明芬

封面設計 ― 姚孝慈

出 版 者 ― 五南圖書出版股份有限公司

地　　址：106臺北市大安區和平東路二段339號4樓

電　　話：(02)2705-5066　　傳　　真：(02)2706-6100

網　　址：https://www.wunan.com.tw

電子郵件：wunan@wunan.com.tw

劃撥帳號：01068953

戶　　名：五南圖書出版股份有限公司

法律顧問　林勝安律師

出版日期　2005年6月初版一刷
　　　　　2019年9月初版六刷
　　　　　2023年3月二版一刷

定　　價　新臺幣500元

※版權所有·欲利用本書內容，必須徵求本公司同意※

五南
WU-NAN

全新官方臉書

五南讀書趣

WUNAN
Books
since1966

Facebook 按讚

1秒變文青

f 五南讀書趣 Wunan Books

★ 專業實用有趣
★ 搶先書籍開箱
★ 獨家優惠好康

不定期舉辦抽獎
贈書活動喔！！

經典永恆・名著常在

五十週年的獻禮——經典名著文庫

五南，五十年了，半個世紀，人生旅程的一大半，走過來了。

思索著，邁向百年的未來歷程，能為知識界、文化學術界作些什麼？

在速食文化的生態下，有什麼值得讓人雋永品味的？

歷代經典・當今名著，經過時間的洗禮，千錘百鍊，流傳至今，光芒耀人；

不僅使我們能領悟前人的智慧，同時也增深加廣我們思考的深度與視野。

我們決心投入巨資，有計畫的系統梳選，成立「經典名著文庫」，

希望收入古今中外思想性的、充滿睿智與獨見的經典、名著。

這是一項理想性的、永續性的巨大出版工程。

不在意讀者的眾寡，只考慮它的學術價值，力求完整展現先哲思想的軌跡；

為知識界開啟一片智慧之窗，營造一座百花綻放的世界文明公園，

任君遨遊、取菁吸蜜、嘉惠學子！